DROIT PENAL DOUANIER CONGOLAIS

Collection Géopolitique mondiale
Dirigée par Mwayila Tshiyembe

L'objet de la Collection Géopolitique mondiale est de susciter les publications dont la vocation est double : d'une part, donner un sens aux mutations provoquées par la mondialisation, étant donné la perte des repères du monde ancien et la nécessité d'inventer les repères du monde nouveau ; d'autre part, analyser la complexité des enjeux territoriaux, des rivalités d'intérêt et de stratégies qui pousse les acteurs à user de la force ou de la diplomatie, pour modifier ou tenter de modifier le rapport de force (ressources naturelles, humaines, culturelles), selon des idéologies qui les animent. À cette fin la prospective et la pluridisciplinarité sont des approches privilégiées.

Dernières parutions

Jean Otemikongo Mandefu Yahisule, *Guerre des méthodes en sciences sociales, Du choix du paradigme épistémologique à l'évaluation des résultats, 2e édition revue et augmentée*, 2025.

Sous la direction de Mwayila Tshiyembe, *Science politique congolaise d'hier à aujourd'hui Mélanges en l'honneur du professeur Adrien Mulumbati Ngasha*, 2024.

Sous la direction d'Antoine Ngute Novato, *Mwayila Tshiyembe, un sacerdoce pour la formation de l'élite congolaise, Mélanges en hommage au doyen Mwayila Tshiyembe*, Tomes 1 et 2, 2024.

Théophile Asipate Sikitiko, *Partis politiques et stabilité gouvernementale en temps de crise en République démocratique du Congo. Enjeux et défis de la représentation équilibrée et équitable des forces politiques*, 2024.

Starmans BOFOE LOKANGU, *Droit pénal économique congolais. Régime juridique des infractions économiques* (volume 1), 2023.

Mwayila Tshiyembe, *Géopolitique mondiale. Théorie générale et géopolitique de la Russie, la Chine, l'Inde et du monde Musulman*, 2022.

Frederic Esiso Asia Amani, *Manuel de méthodologie de recherche en sciences sociales*, 2022.

Starmans BOFOE LOKANGU

Droit pénal douanier congolais

Régime juridique, contentieux et répression des infractions douanières

Préface d'Ursil Lelo di Makungu

L'Harmattan

Du même auteur :

Droit pénal fiscal congolais, Régime juridique des infractions fiscales, L'Harmattan, Paris, 2024.

Droit pénal économique congolais, Régime juridique des infractions économiques, L'Harmattan, Paris, 2023.

Fiscalité des missions diplomatiques et consulaires en RDC, Mélanges en hommage de Mwayila Tshiyembe, Ouvrage collectif, L'Harmattan 2023.

Droit congolais de la propriété intellectuelle, L'Harmattan, Paris, 2022.

Fiscalité des Organisations et des Ressources naturelles en République démocratique du Congo, L'Harmattan, Paris, 2021.

Droit fiscal et Procédures fiscales en République démocratique du Congo, Théories Générales, L'Harmattan, Paris, 2021.

Criminalité pharmaceutique en République démocratique du Congo, Une véritable menace au droit à la santé, L'Harmattan, Paris, 2019.

Le droit à la santé en droit positif congolais, Utopisme de mise en œuvre d'un droit fondamental, ÉUE, Berlin, 2018.

5-7, rue de l'École Polytechnique - 75005 Paris
www.editions-harmattan.fr
ISBN : 978-2-336-57641-1
EAN : 9782336576411

Sommaire

Préface

C'est pour moi un honneur de préfacer l'ouvrage intitulé ***« Droit pénal douanier congolais : Régime juridique, contentieux et répression des infractions douanières »***, rédigé par le professeur Starmans Bofoe Lokangu, un brillant chercheur en droit que j'ai eu à rencontrer durant mon parcours académique à la faculté de droit de l'Université de Kisangani où je suis aussi professeur.

La construction du droit pénal douanier aussi m'intéresse non seulement comme enseignant – chercheur en droit des affaires mais aussi et surtout comme passionné de l'écriture scientifique dont la performance des régies financières reste mon cheval de bataille.

La lecture de cet ouvrage m'a permis de percevoir les qualités intellectuelles et scientifiques de ce chercheur dont la fécondité scientifique n'est plus à démontrer car, de lui, j'ai reçu plusieurs publications dont le droit fiscal et procédures fiscales, la fiscalité des organisations et des ressources naturelles, le droit congolais de la propriété intellectuelle, la criminalité pharmaceutique en RDC, le droit à la santé en droit positif congolais, le droit pénal économique et le droit pénal fiscal.

Sa fécondité scientifique témoigne le caractère pointu de la problématique cernée dans cet ouvrage au point que l'éloquence, la clarté de son discours ainsi que la finesse de ses analyses sont sans doute le reflet de cette passion pour la recherche scientifique qui a toujours caractérisé son auteur.

La construction du droit pénal douanier congolais s'impose avec acuité du fait de la nécessité d'une classification spécifique des infractions et sanctions douanières devant une procédure pénale particulière où la sanction pécuniaire reste le mode privilégié au détriment de la servitude pénale. Ce qui met en évidence la nécessité de renforcement des pouvoirs des agents de douanes dans la recherche, constatation et poursuite de toute forme de criminalité douanière.

Cet ouvrage explique clairement le rôle des agents des douanes qui ne doit plus se cantonner seulement à la recherche et à la saisie des marchandises de fraude mais aussi et surtout à l'établissement de l'infraction et la poursuite des criminels douaniers.

Le professeur Starmans Bofoe Lokangu démontre qu'en RDC la marchandise représente la pierre angulaire du droit douanier et c'est autour d'elle que s'articule toute la réglementation douanière. Pendant longtemps, l'infraction douanière ne pouvait être que flagrante et la marchandise constituait seule la preuve de cette infraction.

Pour ce faire, l'Administration douanière congolaise devra donc renforcer les pouvoirs de visiter les lieux professionnels ou privés, des moyens de transport et également des personnes, dès lors que les marchandises sont présentées dans les locaux de la douane afin de procéder aux formalités de dédouanement.

Avec la porosité des frontières et la complicité des agents de douanes, de sécurité et des militaires, les fraudeurs utilisent des moyens de transports dérisoires (vélos, motos, pieds, dos, tshukudu, pirogues) pour importer ou exporter des produits vivriers, des minerais, des boissons alcoolisées prohibées, des produits pétroliers et autres.

Cet état des choses fait perdre au trésor public des milliers de dollars américains et doit interpeller l'Administration douanière congolaise à intensifier la lutte contre la fraude douanière et à imposer un code d'éthique et d'intégrité aux fins d'assainir les mœurs dans le chef de tous les agents de douanes et de sécurité.

C'est ici l'occasion pour l'auteur de souligner le caractère de la spécialité de la loi pénale qui interdit aux agents des douanes de mettre en œuvre leurs pouvoirs pour la recherche d'infractions qui ne relèvent pas du droit douanier. La recherche de la fraude douanière ne doit nullement se limiter à la circulation des marchandises à travers les frontières. Elle peut s'étendre aussi à la détention des marchandises en contrebande ayant échappé au contrôle en frontière.

C'est ici le lieu de féliciter sincèrement l'auteur pour avoir fourni au monde scientifique, juridique et professionnel un outil précieux et désormais incontournable pour toute recherche sur le droit pénal douanier en RDC, dont la maîtrise est, sans conteste, si capitale pour l'avenir de la société douanière congolaise.

Tout en recommandant à tous les agents fiscaux et douaniers de toujours s'en référer comme une boussole, puisse sa fécondité intellectuelle et scientifique s'exprimer davantage à travers d'autres publications de la même facture.

Fait à Kisangani, le 25 juin 2025.

Professeur Ursil LELO di MAKUNGU

Docteur en droit économique de l'Université de Kisangani
Docteur en droit public de l'Université Libre de Bruxelles
Directeur de Laboratoire Interdisciplinaire de Droit et de Développement durable

Liste d'abréviations et sigles

- CENAREF : Cellule nationale des renseignements financiers
- CPC : Code de Procédure civile
- CPL I : Code pénal livre I
- CPL II : Code pénal livre II
- CPP : Code de Procédure Pénale
- DGDA : Direction Générale de Douanes et Accises
- DGI : Direction Générale des Impôts
- DGM : Direction Générale de Migration
- DL : Décret- Loi
- EUE : Éditions Universitaires Européennes
- J.O : Journal officiel
- OHADA : Organisation pour l'Harmonisation en Afrique du Droit des Affaires
- OL : Ordonnance – Loi
- OMC : Organisation Mondiale du Commerce
- OMD : Objectifs du Millénaire pour le Développement
- OMP : Officier de ministère Public
- OMS : Organisation Mondiale de Santé
- ONU : Organisations des Nations Unies
- OPJ : Officier de Police Judiciaire
- Ord. : Ordonnance
- PNUD : Programme des Nations Unies pour le Développement
- PNUE : Programme des Nations unies pour l'Environnement
- PUC : Presses Universitaires du Congo
- PUF : Presses Universitaires de France
- PUZ : Presses Universitaires du Zaïre
- RDC : République Démocratique du Congo
- TVA : Taxe sur la Valeur Ajoutée
- UNIKIN : Université de Kinshasa
- UNIKIS : Université de Kisangani

Introduction

Les frontières congolaises sont des zones où les services de l'État, en particulier les douanes, ne peuvent fonctionner adéquatement à cause de l'insécurité causée par la présence de groupes armés et la criminalité transfrontalière organisée.

Cette situation de fragilité et de perméabilité des frontières présente des spécificités et des similitudes entre différentes régions touchées par le phénomène où le commerce joue un rôle central comme ressource économique des communautés locales. La contrebande devient alors une partie intégrante des activités sociales au point d'imposer des taxes informelles sur les marchandises par les groupes armés terroristes ou encore les guérillas.

D'entrée de jeu, il appert d'analyser les missions de la douane congolaise, la fraude douanière comme cause de mobilisation des recettes à cloche-pied ainsi que la nécessité de la construction du droit pénal douanier congolais aux fins de renforcement de la lutte contre la fraude douanière et la criminalité transfrontalière organisée.

1. Missions de la douane congolaise

Conformément aux articles 4 et 5 du décret n°09/43 du 03 décembre 2009[1], la DGDA est chargée des missions ci-après :

- La perception des droits, taxes et redevances à caractère douanier et fiscal ;
- La perception des droits d'accises et de consommation ;

---

1 Articles 4 et 5 du décret n°09/43 du 03 décembre 2009 portant création et organisation de la DGDA.

- La classification des marchandises ainsi que la détermination de leurs origines et valeurs en douane à l'importation et à l'exportation ;
- Le contrôle des prix ex-usine des produits soumis aux droits d'accises ;
- La conception et la mise en œuvre des mesures visant la facilitation et la sécurisation des échanges commerciaux ainsi que celles relatives à la production locale de produits soumis aux droits d'accises ;
- La protection de l'espace économique national, en particulier par l'application des normes aux frontières ;
- L'application des législations connexes aux frontières concernant la protection de l'environnement conformément aux conventions internationales ;
- La protection de la société par la lutte contre le trafic illicite des marchandises dangereuses et des déchets toxiques, des produits qui appauvrissent la couche d'ozone ;
- La mise en œuvre des mesures de protection de la chaine logistique internationale ;
- La participation à la politique d'intégration du pays dans les communautés économiques régionales ;
- La surveillance des frontières nationales et des fabriques des produits soumis aux droits d'accises ;
- La lutte contre le terrorisme et la criminalité transfrontalière organisée ;
- La lutte contre le blanchissement d'argent ;
- La recherche et la constatation des infractions en matière des douanes et accises et aux législations connexes ;
- La lutte contre la contrefaçon et autres atteintes aux droits de propriété industrielle, intellectuelle et artistique ;

- L'établissement et la publication des statistiques du commerce extérieur sur base des données récoltées lors du dédouanement des marchandises.

Du point de vue pratique, les missions de la douane congolaise peuvent être classées en trois catégories :

- ***Mission fiscale*** : la perception des droits, taxes et redevances à caractère douanier et fiscal ainsi que toutes les autres perceptions, dus à l'occasion de l'importation ou de l'exportation des marchandises de toute nature, ou du fait de leur transit ou de séjour en entrepôt douanier ou soit encore de la cession des produits d'accises ;
- ***Mission économique*** : la facilitation du commerce extérieur, la protection de la production nationale, l'accompagnement des opérateurs économiques évoluant dans le commerce extérieur et l'élaboration des statistiques du commerce extérieur ;
- ***Mission de lutte contre la fraude et d'application des législations connexes*** : elle se rapporte au contrôle, à la recherche, à la constatation et à la répression des infractions douanières et aux législations connexes.

Ainsi, cet ouvrage analyse les mécanismes de la lutte contre la fraude douanière ainsi que toute forme de contrebande douanière.

2. Fraude douanière, cause de mobilisation des recettes à cloche-pied

Combattue depuis des années, la fraude douanière continue à anémier gravement les recettes du trésor public avec une ampleur, qui laisse croire que tous les postes douaniers congolais sont poreux dans toutes les provinces.

Avec la porosité des frontières et la complicité des agents de douanes, de sécurité et des militaires, les fraudeurs utilisent des moyens de transport dérisoires tels les vélos, les motos ou le pied pour importer ou exporter des produits vivriers (cacao, café), des minerais, des boissons alcoolisées prohibées, des produits pétroliers et autres.

Cet état des choses fait perdre au trésor public des milliers de dollars et doit interpeller l'Administration douanière congolaise à intensifier la lutte contre la fraude douanière et à imposer un code d'éthique et d'intégrité aux fins d'assainir les mœurs dans le chef de tous les agents de douanes.

Au plan administratif, la douane congolaise a signé un protocole de collaboration avec la police nationale congolaise, après l'avoir fait avec la cellule nationale des renseignements financiers et la Direction générale de migration dont les résultats restent jusqu'ores mitigés.

Au plan judiciaire, les sanctions dissuasives devraient être prises à l'égard des auteurs et complices de la fraude douanière en lieu et place de l'impunité avec risque d'institutionnaliser cette antivaleur.

3. Ossature de l'ouvrage

La construction du droit pénal congolais passe par la maîtrise des infractions et sanctions douanières en droit positif congolais (chapitre I) ainsi que le contentieux pénal douanier (chapitre II).

Chapitre I

Infractions douanières en droit positif congolais

La compréhension des infractions douanières passe par la maîtrise des généralités sur les infractions en droit congolais (I), les principales infractions douanières (II), les infractions du droit commun applicables en droit pénal douanier (III) ainsi que les sanctions douanières (IV).

Section I. Généralités sur les infractions

L'infraction est une violation d'une loi, résultant d'un acte externe de l'individu, acte positif ou négatif, socialement imputable, ne se justifiant pas par l'accomplissement d'un devoir ou l'exercice d'un droit et qui est frappé d'une peine prévue par la loi. Étymologiquement, le terme d'infraction vient du latin *infractio* qui désigne le fait de briser, de heurter ou d'abattre un obstacle.

Dans un sens large, le mot « infraction » vise tout crime, tout délit ou toute contravention, soit envisagé abstraitement par le législateur, soit perpétré concrètement.

Dans un sens étroit, le terme « infraction » désigne précisément le fait pour une personne de transgresser une règle de droit pour laquelle il existe une sanction pénale. Une infraction pénale est un acte, une omission ou un comportement interdit par la loi et passible de sanctions pénales.

Ainsi, les éléments tirés de la définition de l'infraction sont les suivants :

- « Violation d'une loi de l'État » signifie que l'infraction ne peut exister que si cette dernière est prévue et réprimée par un texte normatif de l'État comme le code pénal. D'où le principe de la légalité de délits et des peines.
- « Résultant d'un acte externe de l'individu » signifie que l'agent doit avoir dépassé les deux premières étapes du cheminement criminel à savoir la pensée et la résolution criminelle qui sont des actes de pensée, internes à l'individu et qui s'opposent à l'acte externe qui va au-delà de la pensée mais qui bascule dans l'action comme c'est le cas pour l'acte préparatoire. L'intention d'enfreindre la loi doit nécessairement précéder l'acte matériel.
- « Positif ou négatif » signifie que l'acte peut être de commission (le vol de biens) ou d'un acte d'omission. (l'abstention volontaire de combattre un sinistre.)
- « Socialement imputable » signifie que l'infraction est de nature à créer un préjudice à la société, qui sera réparé par l'application de la peine attachée à l'infraction.
- « Ne se justifiant pas par l'accomplissement d'un devoir » signifie qu'elle ne peut exister si l'agent exécute ce à quoi la loi l'oblige.

Constitue une infraction douanière toute violation de la législation douanière passible d'une peine prévue par le présent code ou par les dispositions légales ou réglementaires édictées pour son application. Est punie de la même peine que l'infraction consommée, toute tentative de violation de la législation douanière[2].

---

[2] Article 354 du code des douanes.

Sauf dispositions contraires, les infractions douanières en RDC sont établies indépendamment de tout élément intentionnel. L'infraction douanière est définie comme étant toute violation de la législation douanière qui est passible d'une peine prévue par le code des douanes ou par les dispositions légales ou réglementaires édictées pour son application.

Contrairement au régime de droit commun où la qualification de l'infraction nécessite la réunion de trois éléments : élément légal, matériel et moral, l'infraction douanière ne tient pas compte de l'élément moral, elle est constituée du seul fait de sa réalisation matérielle, sans qu'il y ait lieu de tenir compte de l'intention de son auteur. En principe, pour que l'infraction existe, il faut que ces trois éléments soient réunis.

§1. L'élément légal de l'infraction

L'élément légal découle donc du principe de légalité des délits et des peines. Né le 14 juillet 1789 avec la Déclaration des droits et libertés fondamentales en France, le principe de la légalité est considéré comme la clé de voûte de toute branche du droit pénal. Il sous-entend que le pouvoir d'édicter les règles du droit pénal incombe à la loi (*nullum crimen, nulla poena sine lege*). Dans un État de droit, ce principe de la légalité criminelle a comme corollaire le principe de séparation des pouvoirs[3].

Longtemps appliqué comme principe général de droit, le principe de la légalité criminelle est désormais consacré par l'alinéa 2 de l'article 17 de la constitution de la République démocratique du Congo du 18 février 2006 qui dispose que : « nul ne peut être poursuivi, arrêté,

---

[3]KOLB F. et LETURMY, *L'essentiel du droit pénal général*, Gualino-Lextenso, 12e édition, Issy-les-Moulineaux, 2015-2016, p. 19.

détenu ou condamné qu'en vertu de la loi et dans les formes qu'elle prescrit[4] ».

Trois arguments justifient donc ce principe de la légalité criminelle. Il s'agit des arguments psychologique, politique et institutionnel.

- Du point de vue *psychologique*, il faut que la loi avertisse avant de punir afin que le citoyen sache, avant d'agir, ce qui est interdit et puni ;
- Du point de vue *politique*, il est nécessaire d'éviter que les citoyens vivant dans une collectivité soient trop brimés au risque de perdre toute liberté. La loi paraît être la seule norme à pouvoir régler un conflit ;
- Du point de vue *institutionnel*, le principe de la séparation des pouvoirs confie au pouvoir législatif, expression de la volonté du peuple, une compétence exclusive en la matière. Ni le juge, ni l'exécutif ne devrait y prétendre[5].

Longtemps admis sans discussion, le principe de la légalité criminelle a sérieusement décliné. Son déclin s'observe aussi bien au profit de l'exécutif, du juge que des sources supranationales pour des raisons ci-après :

- Le déclin au profit de l'exécutif : il s'agit ici de la transmission d'un pouvoir par le législateur à l'exécutif dans la création de certaines incriminations et sanctions par voie réglementaire ;
- Le déclin au profit du juge : le juge est nanti des pouvoirs d'appréciation dans la fixation des peines ;
- Le déclin au profit des sources supranationales : le mouvement croissant d'harmonisation des droits aux

---

[4] NGOTO NGALINGI, *L'essentiel du droit pénal congolais*, Presses Universitaires du Congo, Kinshasa, 2018, p. 10.

[5] BORRICAND J. et SIMON, *Droit pénal, procédure pénale*, Dalloz, Paris, 8e édition, 2013, p.36.

niveaux tant régional qu'international fait apparaitre des conventions internationales qui ont une autorité supérieure à celle des lois nationales au sens de l'article 215 de la constitution du 18 février 2006[6].

Pour qu'une infraction soit constituée, il est nécessaire de trouver dans un premier temps le texte qui la prévoit.

En effet, la loi est l'unique moyen de déterminer si les agissements commis par une personne peuvent constituer une infraction. Ainsi, pour pouvoir constituer une infraction, il faut tout d'abord regarder dans la loi pénale si les actes commis constituent une infraction et dans le règlement pour voir si les actes constituent une contravention. Traiter de l'élément légal des infractions douanières, c'est rechercher les sources du droit pénal douanier essentiellement constituées des instruments juridiques internes et internationaux.

Si l'élément légal renvoie au principe de la légalité des infractions et des peines, la lecture de l'ordonnance - loi n°10/002 du 20 aout 2010 portant code des douanes permet de décrypter les principales infractions douanières ainsi que les dispositions réglementaires édictées pour son application. Une fois cet élément démontré, il faut à présent s'intéresser à l'élément matériel de l'infraction.

§2. L'élément matériel de l'infraction

L'élément matériel est le fait extérieur par lequel l'infraction se révèle et prend corps[7]. Il est fait des conduites illicites par rapport à la législation douanière et

---

[6] Article 215 de la constitution de la RDC du 18 février 2006 telle que modifiée par la loi n°11/002 du 20 janvier 2011 portant révision de certains articles de la constitution du 18 févier 2006.

[7] BOUZAT P. et PINATEL J., *Traité de droit pénal et de criminologie*, tome I, Dalloz, Paris, 1963.

des accises. Ce sont notamment les actes, les omissions ou les absences d'actes déterminés par lesquels se réalisent les atteintes injustifiées aux valeurs douanières protégées[8].

L'élément matériel consiste en l'attitude positive ou négative réprimée par la loi. C'est la manifestation concrète de la volonté délictueuse du délinquant. Il peut prendre des formes variées telles qu'un acte positif ou une abstention, d'un acte unique ou plusieurs actes, un acte instantané ou qui se prolonge dans le temps. La seule pensée criminelle n'est pas répréhensible si elle n'est pas matérialisée concrètement. On en est encore au stade de la pure intention.[9].

Les actes préparatoires échappent également à la répression. Ceux-ci peuvent être équivoques et la personne peut encore se désister. L'infraction consommée ne soulève pas de problème, mais peut-on réprimer des actes qui, sans aller jusqu'à la réalisation complète de l'infraction manifestent une volonté criminelle : c'est la tentative.

L'élément matériel peut être soit un acte positif ou un acte négatif (action ou omission), soit un acte instantané ou un acte continu, soit un acte ou plusieurs actes[10]. Ainsi, les infractions douanières sont commises à travers les actes matériels ci-après :

- La dissimulation pure et simple de la marchandise ;
- La sous-évaluation des valeurs ;
- Les fausses factures établies en vue de diminuer la valeur CIF des marchandises ;

---

[8] BONY CISUNGU, *Les infractions douanières, recherches et poursuites en RDC*, PUC, Kinshasa, 2010, p. 138.

[9] Les éléments constitutifs de l'infraction *http://zarawoh.free.fr/doc%20opj/OPJ_%5B03%5D_DROIT_PENAL_GENERAL/documents/pdf*, consulté le 22 juin 2023 à 11 h 54.

[10] G. STEFANI, G. LEVASSEUR et B. BOULOC, *op.cit.*, p.206.

- La fausse dénomination ;
- Les actes tendant à faire éviter à une marchandise de passer par un bureau de douane ;
- La déclaration inexacte ;
- Le défaut de licence ;
- Le fait d'enfreindre la prohibition d'une marchandise ;
- L'absence d'autorisations requises ou d'actes déterminés…

L'infraction douanière existe par le seul fait de l'inobservation du règlement, sans qu'il ne soit nécessaire de rechercher ni l'intention ni la faute du prévenu. L'infraction douanière réside toute entière dans le fait qui la constitue, indépendamment de toute faute ou de toute intention délictueuse du prévenu, dès lors que celui-ci a agi sans la force majeure[11].

Comment coïncider cette notion avec le principe *nullum crimen sine culpa*. Dans l'infraction matérielle, la faute (ou culpabilité) est présumée de manière irréfragable, car elle ne saurait être mise en échec même par les constations les plus formelles des juges du fond, parce qu'elle est nécessairement inhérente à l'acte accompli.

Destinée à affirmer la nécessité de la culpabilité dans toutes les infractions, y compris celles dites matérielles, elle aboutit en fait à dire que l'agent ne peut s'exonérer par la preuve de l'absence de faute, et du coup, elle laisse la condamnation sans faute. Donc, la théorie de la faute présumée ne résout pas le problème de culpabilité nécessaire pour toute condamnation pénale.

Pour LEGROS, il n'est pas nécessaire de recourir à la théorie de la faute présumée pour établir l'élément moral des infractions matérielles. Il ne peut être ainsi, dit-il, car l'infraction est en elle-même une faute. Il est incontestable

---

[11] Article 355 du code des douanes.

que le fait de commettre une contravention, si minime soit-elle ; constitue par lui-même une faute. Obéissance est due à la loi et contrevenir à la loi, c'est assurément commettre une faute.

Le contrevenant n'est pas présumé en faute, tout simplement, il est en faute pour la raison que commet une faute celui qui contrevient à la loi. La théorie de la faute pénale dans les infractions matérielles affirme que même les infractions matérielles exigent la faute. On ne devrait pas condamner un individu s'il ne prouve ou allègue de manière vraisemblable l'absence de la faute.

§3. L'élément moral de l'infraction

Pour les infractions de droit commun, l'élément moral revêt une grande importance car il n'y a point de crime ou de délit sans intention de le commettre [12]. L'élément moral peut être soit l'intention criminelle, soit la faute pénale[13]. C'est l'élément d'imputabilité qui relie le fait incriminé à son auteur et engage sa responsabilité.

Pour qu'une infraction soit constituée, il est nécessaire qu'existe un dol général qui se définit comme la conscience ou la volonté d'accomplir un acte illicite. Le mobile ou raison concrète et personnelle de commettre l'infraction est indifférent au droit pénal. Toute personne qui a conscience de l'illicéité de l'acte qu'elle accomplit est punissable. On ne s'attache pas au mobile. Mais, si en droit, le mobile importe peu, dans les faits, le juge le prend souvent en considération pour déterminer la peine à appliquer.

---

[12] Michel VERON, *Droit pénal des affaires*, 2e édition, Armand Colin, Paris, 1997, p.10.

[13] G. STEFANI, G. LEVASSEUR et B. BOULOC, *op.cit.*, pp. 238 à 254.

Seuls les actes matériels suffisent pour que soit établie une infraction douanière. Le code de douanes retient donc une culpabilité quasi automatique dès l'instant où les faits délictueux seront matériellement établis. Les infractions douanières sont établies indépendamment de tout élément intentionnel[14].

L'auteur de l'acte a non seulement conscience du caractère illicite de son acte, mais a aussi la volonté de l'accomplir et de produire un résultat dommageable. Les infractions pour lesquelles l'élément moral est une faute intentionnelle sont des infractions intentionnelles. Parfois, la loi impose pour que l'infraction soit constituée, l'existence d'une forme particulière d'intention criminelle appelée « *dol spécial* ».

L'auteur a l'intention de parvenir à un résultat particulier (ex : dans le meurtre, il s'agit de l'intention de tuer ; pour la destruction des biens, la volonté de détruire, etc.). Le dol peut être aggravé. Ainsi, la préméditation est une forme aggravée d'intention criminelle.

Lorsque le résultat obtenu correspond exactement à celui prévu par l'auteur des faits, on est en présence d'un dol déterminé. À l'opposé, le dol est dit indéterminé si le résultat de l'action délictuelle n'est pas connu à l'avance par l'auteur. Celui-ci est alors sanctionné en fonction de la gravité du résultat qui s'est effectivement produit.

Si le résultat obtenu va au-delà de ce que l'auteur des faits avait l'intention de causer, on dit que le dol est *praeter-intentionnel*[15]. Signalons en passant qu'une infraction est dite intentionnelle lorsque l'agent accomplit

---

[14] Article 355 du code des douanes.

[15] Les éléments constitutifs de l'infraction, disponible sur *http://zarawoh.free.fr/doc%20opj/OPJ_%5B03%5D_DROIT_PENAL_GENERAL/documents/pdf*, consulté le 22 juin 2023 à 11 h 54.

un acte de violence envers autrui dans le but d'atteindre un certain résultat. Cependant, elle devient *praeter-intentionnelle* quand le résultat dépasse le but recherché.

Par exemple, un individu, qui frappe volontairement un autre individu dans l'intention de le blesser mais, en fin de compte, le tue, sera poursuivi pour coups et blessures volontaires ayant entraîné la mort sans intention de la donner.

Dans le cas de la faute non intentionnelle, l'individu ne recherche aucun résultat particulier, mais ne respecte pas les valeurs sociales protégées pénalement. C'est le cas de la négligence ou de la faute contraventionnelle.

L'inexistence de l'élément intentionnel dans l'infraction douanière énoncée à l'article 355 du code des douanes n'équivaut pas à l'absence de l'élément moral. L'intention coupable peut ne pas être retenue dans le chef du contrevenant, mais il n'est pas nécessaire pour l'établissement de l'infraction ou soit qu'il occupe une place modeste.

L'objectivité de l'infraction douanière veut que l'on retienne l'infraction sans considération de toute faute intentionnelle. Certes, il est des infractions en douane qui peuvent exiger le concours d'une intention délictueuse comme des infractions assimilables à celles du droit commun du point de vue de la nécessité de l'élément moral. L'infraction n'est constituée que si l'agent a agi sciemment[16].

Enfin, on ne peut négliger le fait que l'article 376 du code des douanes rend applicable aux complices des infractions douanières les dispositions de l'article 22 du code pénal livre 1er, lequel fait de l'intention un élément fondamental de la complicité. Dans ces hypothèses, le juge

---

[16] Article 377 alinéa 2, point c du code des douanes.

qui refuserait de rechercher l'intention criminelle du prévenu verrait sa décision aller en appel. On est bien en présence des infractions intentionnelles. Sauf pour certains cas prévus expressément par la loi, le droit douanier réduit l'élément intentionnel par le jeu d'une présomption de culpabilité.

Pour des raisons de politique criminelle propres à la matière douanière, le législateur incrimine la simple constatation, qui fait supposer l'existence d'une infraction. C'est ainsi que le détenteur d'une marchandise de fraude est réputé auteur de fraude[17]. De, même, les capitaines des navires ou les commandants d'aéronefs sont réputés responsables des infractions commises à bord de leurs moyens de transport[18].

Ici encore, l'élément moral n'est nullement absent. En effet, il faut noter que le législateur n'incrimine pas les faits matériels en eux-mêmes, mais qu'il induit de ces faits matériels l'existence préalable d'une volonté délictueuse, sans laquelle en toute hypothèse aucune infraction n'est concevable.

Bref, l'intention criminelle est généralement présumée pour la plupart des infractions douanières. Mais, s'il est indéniable que toutes les infractions douanières comportent un élément moral, il n'en demeure pas moins que cet élément n'occupe pas en droit douanier la place prépondérante comme en droit commun.

Pour que l'infraction soit constituée en droit commun, il ne suffit pas que l'agent en soit seulement l'auteur matériel mais aussi l'auteur moral. Et du point de vue de l'élément moral, un agissement entraîne la responsabilité pénale de son auteur uniquement en se basant sur la notion

---

[17] Article 373 al.1du code des douanes.

[18] Article 374.1 du code des douanes.

de la faute morale, qui comporte l'imputabilité (1) et la culpabilité (2).

1. Principes d'imputabilité d'une infraction en droit pénal douanier

En matière douanière, les principes de droit commun relatifs à l'imputabilité s'appliquent pleinement. L'imputabilité est donc nécessaire même pour des infractions matérielles : il n'y a pas d'infraction si l'acte n'est pas imputable à son auteur.

S'il est vrai que l'intention n'est pas un élément indispensable de l'infraction en matière des douanes, celle-ci ne peut être retenue à charge d'une personne à qui le fait n'est pas imputable. Dans un tel cas, il appartient à l'auteur d'une violation matérielle de la loi, qui prétend que cette violation ne peut lui être imputée, de rapporter la preuve de cette prétention.

Bien que la simple violation matérielle de la législation en matière de douanes constitue un délit, abstraction faite de l'intention du délinquant, celui-ci peut bénéficier des causes de justification et d'excuse prévues par le code pénal. Il s'agit notamment : de la contrainte ou de la force majeure et de l'erreur invincible qui sont des causes de justification à l'égard des infractions, qu'elles soient prévues par le code pénal ou par les lois spéciales.

En effet, l'imputabilité fait défaut. Certes, la simple violation des dispositions douanières est sanctionnée, toutefois les causes de justification et d'excuse sont admises. En affirmant le caractère exonératoire de la force majeure, la douane rappelle tout d'abord un principe incontestable, à savoir que toute infraction implique un élément d'imputabilité, c'est-à-dire la constatation chez le délinquant d'un minimum d'intelligence et de volonté sans lesquelles on se trouverait en face d'un simple événement qui ne peut tomber sous le coup de la loi pénale douanière.

Aussi, le défaut d'intelligence dans le cas d'un très jeune enfant ou d'une personne atteinte d'aliénation mentale, exclura-t-il d'une sanction. Il en va de même en cas de défaut de volonté lorsque l'agent établira qu'il a été contraint par une force à laquelle il n'a pu résister. Si nous excluons l'existence d'une cause d'imputabilité, on peut donc affirmer que l'infraction douanière a un contenu essentiellement matériel.

Qu'insinue le législateur en prescrivant à l'article 355 du code des douanes que les infractions douanières sont établies indépendamment de tout élément intentionnel ? Il convient ici de distinguer l'intention de la volonté d'agir. En l'absence complète de volonté, il ne saurait y avoir place pour une infraction.

C'est pourquoi, les infractions douanières comportent l'exigence d'une conscience, d'une volonté d'accomplir les actes matériels constitutifs de l'infraction. D'où l'infraction douanière ne peut être reconnue qu'à un individu jouissant de ses facultés mentales, normales, et librement exercées.

Naturellement, il se dégage de cette disposition légale que l'infraction douanière est une infraction matérielle. Le principe est que les infractions matérielles n'exigent nullement l'existence d'une intention délictueuse ; la constatation d'un fait positif suffit à établir l'infraction concernée.

2. Principes de la culpabilité d'une infraction en droit pénal douanier

La culpabilité est nécessaire à l'existence de l'élément moral. La personne à laquelle un fait est matériellement imputable peut n'être pas coupable. Elle ne le sera que si elle a commis une faute d'imprudence ou de négligence.

Section II. Qualification des infractions douanières

La qualification est la désignation d'une infraction par un acte déterminé. Selon le principe de légalité criminelle, toute infraction douanière doit être définie par la loi. Ce principe veut que les règles socialement obligatoires ou interdites soient définies dans un texte de même que leurs sanctions.

Constituent des faits qualifiés d'infraction douanière toute omission ou action portant violation aux dispositions du code des douanes.

Ainsi, le décryptage des infractions douanières nécessite de les classer selon qu'il s'agit des infractions liées aux importations et exportations sans déclarations, des infractions relatives aux droits de consommation et régime des boissons alcooliques et enfin des actes de contrebande et autres nouvelles formes de fraude.

§1. Infractions d'importations et exportations sans déclaration

À l'importation, la conduite en douane consiste à acheminer les marchandises importées, réimportées destinées à être exportées ou réexportées vers un bureau de douane compétent pour être soumises au contrôle douanier. Cette formalité de conduite en douane s'impose au transporteur de toute marchandise en trafic international qui entre sur le territoire de la RDC, quel que soit le mode de transport utilisé : maritime, lacustre, terrestre ou aérien.

En effet, toutes les marchandises transportées doivent être inscrites sur le manifeste du moyen de transport. Dès l'arrivée au bureau des douanes, le transporteur (capitaine du navire, conducteur du véhicule, commandant d'aéronef, etc.) doit déposer (manuellement ou électroniquement) à la douane la déclaration de chargement (manifeste) dûment signé avec, en annexe, les titres de transport des marchandises transportées. Le non-respect de cette obligation constitue une importation en contrebande (donc irrégulière)[19].

Toutes les marchandises qui entrent ou qui sortent du territoire de la RDC doivent faire l'objet d'une déclaration douanière leur assignant un régime douanier[20]. L'exemption des droits et taxes sur une marchandise, à l'importation ou à l'exportation, ne dispense pas de cette obligation de dépôt de déclaration.

La déclaration en douane est un acte juridique par lequel le déclarant :

- manifeste la volonté d'assigner un régime douanier à une marchandise importée ou exportée et
- fournit toutes les indications nécessaires pour permettre l'identification de la marchandise et l'application des mesures dont le service des douanes vérifie l'exécution.

En RDC, la déclaration douanière doit être faite en utilisant un procédé électronique, sauf dans des bureaux non encore informatisés. En effet, la déclaration des marchandises est un document administratif unique dématérialisé permettant d'attribuer un régime douanier à une marchandise. Pour les colis de faible valeur

---

[19] Douane.gouv.cd/les-procedures-douanieres/les-procedures-de-dedouanement-a-limportation-en-RDC, consulté le 12 /8/2023 à 11h.

[20] Article 112 du code des douanes.

commerciale importés, lorsque les conditions déterminées par la douane sont remplies, on utilise les déclarations simplifiées à l'importation.

L'infraction d'importation sans déclaration est établie dès lors que les marchandises sont passées par les bureaux de douanes mais sans l'accomplissement des formalités requises. Cette infraction consiste à importer ou à exporter par un bureau de douane des marchandises sans les déclarer en détail ou sous couvert d'une déclaration.

En effet, l'entrée ou la sortie d'une marchandise en RDC doit faire l'objet d'une déclaration. C'est-à-dire un placement sous un régime douanier et un engagement à accomplir les obligations découlant de la loi. Toutes les marchandises importées ou exportées doivent faire l'objet d'une déclaration en détail[21].

La déclaration de marchandises doit être déposée dans un bureau de douanes compétent pour l'opération douanière envisagée. La déclaration est établie soit par le propriétaire, soit par le destinataire de la marchandise, soit par le mandataire muni d'une procuration. Pour garantir cette obligation légale, le législateur a érigé en infractions des faits, des actes et des omissions qu'il considère comme des importations sans déclaration.

Constituent donc des importations sans déclaration les soustractions et substitutions de marchandises sous douane et le défaut de dépôt, dans les délais, de la déclaration complémentaire dans le cadre d'une procédure simplifiée de dédouanement.

---

[21] Articles 111 et 112 du code des douanes.

A. La base légale de l'infraction

Les infractions d'importations et exportations sans déclaration sont prévues et punies par les articles 394, 395 et 396 du code des douanes.

B. Les éléments matériels de l'infraction

Constituent des importations ou exportations sans déclaration de marchandises[22]:

a. Les importations ou exportations par les bureaux de douane, sans déclaration de marchandises ou sous le couvert d'une déclaration de marchandises non applicable aux marchandises présentées ;
b. Les soustractions ou substitutions des marchandises sous douane ;
c. Le défaut de dépôt, dans le délai imparti, des déclarations complémentaires prévues à l'article 128 du présent code sur les modalités de recevabilité ou non des déclarations en douanes.

Le déclarant, qui pour des raisons jugées valables par le bureau de douane, ne dispose pas de tous les renseignements nécessaires pour établir la déclaration de marchandises, peut être autorisé à déposer une déclaration de marchandises provisoire ou incomplète, pour autant que celle-ci comporte les éléments jugés nécessaires par la douane et que le déclarant s'engage à déposer la déclaration définitive ou à compléter la déclaration de marchandises dans un délai déterminé[23].

Les mentions des déclarations de marchandises complémentaires sont réputées constituer, avec les mentions des déclarations de marchandises incomplètes

[22] Article 394 du code des douanes.
[23] Article 128 du code des douanes.

auxquelles elles se rapportent, un acte unique et indivisible prenant effet à la date d'enregistrement de la déclaration de marchandises incomplète correspondante.

Le directeur général des douanes détermine, par décision, les modalités d'application des dispositions du point 1 ci-dessus. Sont réputées faire l'objet d'une importation sans déclaration de marchandises[24]:

a. Les marchandises déclarées pour le régime de réimportation en l'état en cas de non représentation ou de différence dans la nature ou l'espèce entre lesdites marchandises et celles présentées à l'exportation ;
b. Les marchandises prohibées découvertes à bord des navires se trouvant dans les limites des ports indépendamment des marchandises régulièrement reprises dans la déclaration de chargement ou composant la cargaison et des provisions de bord dûment présentées avant visite ;
c. Les marchandises trouvées dans les zones franches.

Sont réputés importés ou exportés sans déclaration de marchandises, les colis excédant les quantités mentionnées sur la déclaration de marchandises ou sur la déclaration de chargement[25].

2. Infraction d'importation ou exportation frauduleuse par des voies non autorisées

A. La base légale de l'infraction

L'infraction d'importation ou exportation frauduleuse est prévue et définie par les articles 393, 394, 395 et 396 du code des douanes.

---

[24] Article 393 du code des douanes.
[25] Article 396 du code des douanes.

B. Les éléments matériels de l'infraction

Toute marchandise doit être présentée en vue de son dédouanement au bureau douanier désigné par le ministère des finances. L'infraction est commise lorsque la personne physique ou morale importe ou exporte sans passer par le bureau de douane requis. Le plus souvent c'est une infraction qui se commet en contrebande.

Par contrebande[26], on entend des importations ou exportations en dehors des bureaux de douane ainsi que toute violation des dispositions de la législation douanière relatives à la détention et au transport des marchandises à l'intérieur du territoire douanier.

Constituent des faits de contrebande, notamment :

a. La violation des dispositions des articles 20 points 3 et 4, 95 points 1 et 3, 99, 102 point 1 et 111 point 1 du code des douanes ;
b. Les versements frauduleux ou embarquements frauduleux de marchandises effectués soit dans l'enceinte des ports, aéroports, gares, soit sur les côtes ou rives ;
c. Les soustractions ou substitutions en cours de transport de marchandises expédiées sous un régime suspensif, l'inobservation sans motif légitime des itinéraires et horaires fixés, les manœuvres ayant pour but ou pour résultat d'altérer ou de rendre inefficaces les moyens de scellement, de sûreté ou d'identification et, d'une manière générale, toute fraude douanière relative au transport de marchandises expédiées sous régime suspensif des droits et taxes ;
d. La violation des dispositions, légales ou réglementaires, portant prohibition d'exportation ou de réexportation ou bien subordonnant l'exportation ou la réexportation

[26] Article 393 du code des douanes.

au paiement des droits et taxes ou à l'accomplissement de formalités particulières, lorsque la fraude a été faite ou tentée en dehors des bureaux de douane et qu'elle n'est pas spécialement réprimée par une autre disposition du code des douanes.

Sont assimilées à des actes de contrebande, les importations ou exportations sans déclaration de marchandises, lorsque les marchandises passant par un bureau de douane sont soustraites à la visite des agents des douanes par dissimulation, notamment dans des cachettes spécialement aménagées ou dans des cavités ou espaces vides qui ne sont pas normalement destinés au logement des marchandises.

Au sens de l'article 394 du code des douanes, constituent des importations ou exportations sans déclaration de marchandises[27] :

a. Les importations ou exportations par les bureaux de douane, sans déclaration de marchandises ou sous le couvert d'une déclaration de marchandises non applicable aux marchandises présentées ;
b. Les soustractions ou substitutions des marchandises sous douane ;
c. Le défaut de dépôt, dans le délai imparti, des déclarations complémentaires prévues à l'article 128 du présent code comme analysé supra.

Au sens de l'article 395 du code des douanes, sont réputées faire l'objet d'une importation sans déclaration de marchandises[28] :

[27] Article 394 du code des douanes.
[28] Article 395 du code des douanes.

a. Les marchandises déclarées pour le régime de réimportation en l'état en cas de non représentation ou de différence dans la nature ou l'espèce entre lesdites marchandises et celles présentées à l'exportation ;

b. Les marchandises prohibées découvertes à bord des navires se trouvant dans les limites des ports indépendamment des marchandises régulièrement reprises dans la déclaration de chargement ou composant la cargaison et des provisions de bord dûment présentées avant visite ;

c. Les marchandises trouvées dans les zones franches en infraction aux dispositions des articles 247 point 2 et 249 point 2 du code des douanes.

Sont réputés importés ou exportés sans déclaration de marchandises, les colis excédant les quantités mentionnées sur la déclaration de marchandises ou sur la déclaration de chargement[29]. Pour être établie en droit, cette infraction requiert deux éléments :

- L'importation ou l'exportation hors les voies autorisées par le ministère des Finances ;
- La non-présentation, en vue du dédouanement, au bureau douanier des marchandises importées ou exportées.

3. Infraction d'importation et exportation frauduleuse par voies non autorisées ou sans déclaration des marchandises soumises aux droits

A. La base légale de l'infraction

Les articles 394, 395 et 396 de l'ordonnance - loi n°10/002 du 20 aout 2010 portant code des douanes

[29] Article 396 du code des douanes.

définissent cette infraction. Par marchandises soumises aux droits, il faut entendre celles qui doivent payer les droits de douanes.

B. Les éléments constitutifs de l'infraction

Cette infraction renferme les mêmes éléments que celle précédente et les marchandises concernées lors de l'importation ou de l'exportation doivent être celles soumises aux droits.

4. Infraction d'importation et exportation frauduleuse par voies non autorisées ou sans déclaration des marchandises libres des droits

A. La base légale de l'infraction

Le recours aux articles 111 et 112 du code des douanes[30] permet de cristalliser l'élément légal de cette infraction.

B. Les éléments constitutifs de l'infraction

Les actes ci-après doivent être accomplis pour prétendre à l'existence de l'infraction :

- L'importation ou l'exportation hors les voies autorisées par le ministère des finances ;
- La non-présentation des marchandises libres des droits aux formalités de dédouanement.

[30] Articles 111 et 112 du code des douanes.

5. Infraction d'importation ou exportation frauduleuse par voies non autorisées ou sans déclaration des marchandises prohibées

A. La base légale dc l'infraction

Il faut analyser les articles 111, 112, 394, 395 et 396 du code des douanes pour comprendre le siège de cette incrimination.

B. Les éléments matériels de l'infraction

Tombe sous le coup de cette prévention, quiconque importe ou exporte des marchandises prohibées ou dont l'importation ou l'exportation est soumise à des restrictions ou à des mesures légales.

6. Infraction de fausse déclaration de qualité ou de quantité de marchandises

A. La base légale de l'infraction

La fausse déclaration de la nature des marchandises constitue une importation frauduleuse prévue aux articles 384 et 385 du code des douanes[31].

B. Les éléments matériels de l'infraction

La fausse déclaration consiste à présenter aux autorités douanières des renseignements inexacts concernant les caractéristiques physiques, la nature, le volume, la quantité et l'unité de mesure de marchandises déclarées. Elle a pour objet d'obtenir des avantages indus, des avantages financiers ou d'échapper aux restrictions ou prohibitions en vigueur.

---

[31] Article 384 et 385 du code des douanes.

En effet, à l'importation, les fausses déclarations de quantité et de qualité ont notamment pour but d'instaurer une concurrence déloyale, de bénéficier d'un taux réduit de droits ou autres taxes. L'infraction de fausse déclaration de qualité ou de quantité peut aussi être commise aux fins d'éluder le paiement de droits, de tirer indûment profit de lois et de règlements douaniers ou d'échapper aux lois régissant les brevets et les droits d'auteur.

À l'exportation, les fausses déclarations de qualité ou de quantité peuvent en l'occurrence intervenir pour échapper au paiement de taxes intérieures et contourner les lois.

La fausse déclaration de la nature des marchandises constitue une importation frauduleuse. Elle a pour conséquence l'introduction dans le territoire national des marchandises dont les taux prévus par le tarif sont supérieurs à ceux des marchandises déclarées[32]. Ainsi donc, tous les excédents constatés après les opérations de pointage sont constitutifs d'une fausse déclaration de quantité.

7. Infraction de fausses déclarations concernant l'origine

A. La base légale de l'infraction

L'auteur des fausses déclarations, au sens de l'article 386 du code des douanes, est passible d'une amende dont la hauteur est comprise entre une et cinq fois le montant des droits et taxes éludés ou compromis, toute fausse déclaration dans l'espèce, la valeur, ou l'origine des marchandises importées, exportées ou placées sous un

[32] Instruction n° DG/SG/ADG/006/2003 du 16 mai 2003 relative aux mesures applicables à la prise en charge des marchandises à l'importation.

régime suspensif lorsque des droits et taxes se trouvent éludés ou compromis par cette fausse déclaration.

Lorsque la fausse déclaration dans l'espèce, la valeur ou l'origine a été commise grâce à la production des documents faux, inexacts, incomplets ou non valables, la sanction de la confiscation des marchandises et d'une amende égale au double de la valeur de ces marchandises reste applicable pour avoir contourné une mesure de restriction.

B. Les éléments matériels de l'infraction

Cette infraction est commise à travers toute tentative délibérée d'utiliser abusivement des règles d'origine. Parmi les actes constitutifs de cette infraction, on citera notamment :

- Le mélange de marchandises venant de deux pays différents afin de dissimuler le véritable pays d'origine ;
- La dissimulation de l'origine véritable des marchandises par transbordement dans un pays tiers ;
- La modification de l'aspect matériel des marchandises pendant le transport.

Cette fraude est commise aux fins de bénéficier indûment de taux de droits préférentiels en attribuant un faux pays d'origine aux marchandises importées. Le cas échéant, cette fraude tend à contourner les sanctions commerciales ou les embargos en vigueur.

8. Infraction de fausse dénomination

A. La base légale de l'infraction

Toutes les marchandises à l'importation ou à l'exportation doivent faire l'objet d'une déclaration conformément à l'article 111 du code des douanes[33].

B. Les éléments matériels de l'infraction

Il y a fausse dénomination lorsque les renseignements fournis en relation avec les marchandises à dédouaner sont faux. Cela peut se produire tant à l'importation qu'à l'importation des marchandises mais également lorsque les marchandises sont mises en libre circulation.

La fausse dénomination existe dans un certain nombre de circonstances, notamment dans les domaines du classement, de l'origine, de la valeur, de la quantité ou de la qualité.

Généralement les marchandises sont classées à des fins douanières, d'un côté, pour fournir des renseignements statistiques et faciliter le recouvrement du montant exact des recettes budgétaires, de l'autre côté, pour l'application d'autres procédures douanières comme les régimes de licence, les contingentements, etc.[34].

Il y a faux classement lorsqu'une fausse déclaration est présentée en ce qui concerne la description matérielle ou les propriétés des marchandises. La fraude par fausse désignation, elle, est une tentative délibérée d'induire en erreur la douane en attribuant aux marchandises un faux classement.

---

[33] Article 111 du code des douanes.

[34] BONYI CISUNGU, *Les infractions douanières, Recherches et Poursuites en RDC*, PUC, Kinshasa, 2010, p. 147.

Le but poursuivi est d'en retirer un avantage. La fraude par fausse désignation peut être motivée par les raisons de minorer le taux des droits et autres taxes. Elle peut aussi être commise pour échapper aux prohibitions, aux restrictions. La déclaration des marchandises sous une déclaration erronée constitue une fausse dénomination.

9. Infraction d'excédent à l'importation ou à l'exportation

A. La base légale de l'infraction

L'article 386 du code des douanes[35] constitue le siège de l'infraction relative à l'excédent des marchandises à l'importation ou à l'exportation.

B. Les éléments matériels de l'infraction

Est constitutif de cette infraction le fait de favoriser sans déclaration tout excédent de marchandises à l'importation ou à l'exportation. Tout excédent de marchandises constaté lors de la vérification, entraîne pour le déclarant une amende qui peut atteindre dix fois les droits fraudés lorsque cet excédent dépasse 5%.

10. Infraction de fausse déclaration de valeur des marchandises

A. La base légale de l'infraction

L'article 386 du code des douanes[36] constituc le siège de l'infraction relative à la fausse déclaration de la valeur de la marchandise à déclarer.

---

[35] Article 386 du code des douanes.
[36] Article 386 du code des douanes.

B. Les éléments matériels de l'infraction

La fraude en matière d'évaluation peut relever de la sous-évaluation et de la surévaluation. En effet, il revient à l'administration des douanes de s'assurer de la véracité ou de l'exactitude de toute affirmation, pièce ou déclaration qui lui sont présentées aux fins de l'évaluation en douane[37].

Elle fait de même pour les renseignements ou documents fournis à l'appui de la valeur déclarée. La sous-évaluation est une fausse déclaration car la valeur y indiquée est inférieure à la valeur transactionnelle réelle. Le but consiste à minorer les droits à payer, et échapper aux restrictions à l'importation.

Lorsque la déclaration est fausse en ce qui concerne la valeur des marchandises y décrites, le contrevenant est puni d'une amende. Celle-ci est comprise entre une et dix fois le montant des droits et taxes éludés ou compromis[38].

Cependant, lorsque la fausse déclaration de valeur a été commise grâce à la production de factures ou autres documents faux, inexacts, incomplets ou non applicables, un procès-verbal est établi pour constater l'infraction. Les marchandises sont saisies et confisquées et l'amende est égale au double de leur valeur.

---

[37] Article 17 de l'accord de l'OMC sur l'évaluation et décisions à prendre lorsque l'Administration des douanes a des raisons de douter de la véracité ou de l'exactitude de la valeur déclarée.

[38] Article 386 alinéa 2 du code des douanes.

11. Infractions de transport, dépôt ou détention de marchandises sans justification d'origine

A. La base légale de l'infraction

L'article 386 du code de douanes constitue le siège de la matière de cette infraction.

B. Les éléments matériels de l'infraction

Dans le ressort des bureaux, tout transport, tout dépôt ou toute détention des marchandises doit être couvert par des justifications d'origine. À défaut de ces justifications, les marchandises sont réputées :

- se trouver en cours d'exportation frauduleuse ;
- avoir été introduites frauduleusement conformément à l'article 386 du code des douanes dont question.

12. Infractions liées à l'entrepôt

L'objectif de l'entrepôt douanier est de stocker les marchandises en l'état dans l'attente de l'affectation à une autre destination douanière[39].

En principe, les marchandises qui arrivent dans les installations douanières peuvent être dédouanées directement. Le propriétaire ou le destinataire peut les entreposer en attendant qu'il réunisse les moyens pour les dédouaner. Le lieu de l'entreposage peut être sous la garde exclusive de la douane (entrepôt public) ou la garde conjointe de la douane et du concessionnaire (entrepôt public concédé et particulier). Mais, seules peuvent se trouver dans l'entrepôt, les marchandises régulièrement déclarées et vérifiées pour y être déposées.

---

[39] www.douane.gouv.fr

A. La base légale de l'infraction

L'article 204 de l'ordonnance du 6 janvier 1950 renchérit : « aucune marchandise n'est admise au régime de l'entrepôt si, lors de l'importation, elle n'est déclarée pour cette destination ».

Cependant, l'article 231 de l'ordonnance du 6 janvier 1950 soulève l'exception à cette obligation de déclaration et de vérification. Cette exception concerne les marchandises importées et dirigées vers un entrepôt public par le recours à caution. Pour être affranchies, elles doivent d'une part être transportées de bout en bout par un transporteur public agréé par la douane ou sous escorte douanière.

D'autre part, le premier transporteur doit remettre à la douane deux exemplaires des lettres de voiture ou des documents équivalents couvrant le transport depuis le bureau d'entrée jusqu'au bureau de destination[40].

B. Les éléments matériels de l'infraction

L'infraction liée à l'entrepôt est une contravention constatée à l'entrée en entrepôt ou à la sortie, de l'enlèvement, et de la tentative d'enlèvement sans déclaration préalable. En effet, la manipulation des marchandises entreposées est de stricte observance et réglementée.

Il doit être interdit de mélanger les marchandises soumises à des droits différents. Les irrégularités et la non-observance des règles y relatives ont été érigées en infractions. Ces infractions sont déterminées par le code des douanes et l'ordonnance-loi du 6 janvier 1968.

---

[40] Article 231 de l'ordonnance de 1950, point 2.

Il est donc impérieux de retenir comme infractions le fait de (d') :

- changer et arrimer les marchandises entreposées ;
- mélanger les marchandises en entrepôt sans autorisation ;
- introduire les travailleurs non agréés dans les entrepôts ;
- utiliser pour enlever les marchandises par d'autres ouvertures non indiquées dans un entrepôt particulier ;
- organiser les manquants de plus de 10% de marchandises constatés dans les entrepôts particuliers ou fictifs.

13. Infractions liées au transit et cabotage

Le transit, c'est la traversée de la RDC sous la surveillance ou le contrôle de la douane, par une marchandise venant de l'étranger et destinée à l'étranger. Le transit douanier peut également être défini comme la circulation des marchandises d'un bureau douanier à un autre sur le même territoire douanier ou vers une autre destination extérieure à ce territoire.

Le cabotage est le transport soit par mer, même territorial, soit à travers un territoire étranger ou par voie mitoyenne, d'une marchandise expédiée d'un endroit de la RDC à un endroit du même territoire. Le législateur a érigé en infractions à l'occasion du transit et du cabotage les actes qui ci-après :

- La modification des marques et numéros des colis en transit ;
- L'ajout des marques et inscriptions ;
- Le changement d'emballage ;
- L'enlèvement de marques d'identification apposées par la douane ;
- La soustraction, substitution clandestine de marchandises en transit et cabotage ;

- L'ouverture des colis.

Certaines activités peuvent être entreprises pour circonvenir les procédures de transit mises en place par la douane, par exemple :

- Détourner les marchandises pour mise en consommation ;
- Remplacer les marchandises par d'autres de qualité inférieure ;
- Utiliser de faux documents ;
- Remplacer les documents voulus par d'autres.

La fraude en matière de transit peut être perpétrée avant la déclaration :

- Avant l'arrivée des marchandises et lors de la demande du régime de transit, les marchandises peuvent faire l'objet d'une fausse désignation ;
- Les documents peuvent être falsifiés pour échapper aux restrictions phytosanitaires ou autres.

La fraude en matière de transit peut intervenir lors de la procédure de déclaration :

- Les marchandises peuvent faire l'objet d'une fausse désignation, en matière de qualité et de quantité par exemple ;
- Les documents peuvent être falsifiés pour dissimuler la nature véritable des marchandises.

La fraude en la matière de transit peut se commettre dans la phase du transit :

- Le remplacement des marchandises ayant fait l'objet d'une demande de transit par des marchandises d'origine intérieure, de qualité inférieure ;
- La fausse désignation dissimulant la nature véritable des marchandises ;

- Le retrait des marchandises au cours du transit sur le territoire douanier.

La non-remise aux autorités compétentes dans les délais desdits documents à produire pour couvrir le transit, le cabotage ou le transfert des marchandises d'un entrepôt à un autre constitue une infraction douanière.

14. Divers actes rattachables aux infractions douanières

Il est bon à citer, ici :

- Les injures ou maltraitance des agents de douanes ou opposition à l'exercice de leurs fonctions ;
- La non soumission d'un conducteur d'un moyen de transport aux injonctions des agents de douanes ;
- La non remise par un capitaine de navire à la première réquisition de la copie du manifeste ou non présentation du journal de bord à l'entrée dans un port ou non représentation des connaissements et des expéditions à toute réquisition ;
- Le refus de communiquer ou dissimulation de pièces aux douaniers et de l'opération de douane sur des répertoires annuels ;
- L'accomplissements des formalités de douane pour compte d'autrui ou bénéfice des rémunérations des commissionnaires en douane (cette infraction concerne toute personne qui a fait l'objet d'un retrait d'agrément concernant la profession de commissionnaire en douane ou d'un retrait de l'autorisation de dédouaner) ;
- L'aide volontaire en vue de soustraire au retrait d'agrément ou de l'autorisation de dédouaner ceux qui ont fait l'objet de ces mesures ;
- La désignation inexacte du destinataire ou de l'expéditeur ;

- La contravention à l'interdiction d'habiter ou de vendre en zone franche ou fluviale ;
- Le chargement et déchargement, manutentions en dehors des jours et heures d'ouverture des bureaux, en dehors des installations douanières ;
- La non production de la déclaration de chargement ;
- La déclaration de chargement ne contenant pas les éléments substantiels ;
- Le déchargement des marchandises sans l'autorisation de la douane ;
- Les déficits et fausses déclarations de la nature des marchandises ;
- La non déclaration de provisions de bord par un capitaine.

§2. Infractions en matière des droits de consommation

1. Infraction aux droits de consommations et d'accises

A. La base légale de l'infraction

L'ordonnance-loi n°68-010 du 6 janvier 1968 relative aux droits de consommation et régime des boissons alcooliques telle que modifiée et complétée à ce jour par la loi n°08/002 du 16 mai 2008 ainsi que de leurs mesures d'application et autres législations connexes à la douane, définit et réprime en son titre 1er les infractions en matière des droits de consommation.

Le même texte légal détermine en son titre II, les infractions en matière de régime des boissons alcooliques. Aux termes de la loi n°08/002 du 16 mai 2008 modifiant et complétant l'ordonnance-loi n°68-010 du 6 janvier 1968 relative aux droits d'accises et de consommation et au régime des boissons alcooliques, les produits soumis aux droits d'accises et de consommation sont :

1. Les alcools et les boissons alcooliques ;
2. Les eaux de tables et les limonades ;
3. Les tabacs fabriqués ;
4. Les huiles minérales ;
5. Les parfums ;
6. Les produits de beauté ou de maquillage ne contenant ni hydroquinone ni iodure de mercure ;
7. Les préparations capillaires ;
8. Les préparations pour le prérasage, le rasage ou l'après-rasage ;
9. Les savons, agents de surface organiques, préparations lubrifiantes et cirages ainsi que les crèmes pour chaussures ;
10. Les articles et ouvrages en matières plastiques ;
11. Les articles et ouvrages en caoutchouc synthétique ;
12. La communication cellulaire ;
13. Les véhicules.

Dans le cadre des mesures d'application de la loi :

- La communication cellulaire couvre toutes les communications transitant par un réseau d'antennes relais, notamment toutes formes d'appels et de messageries[41] ;
- Pour les véhicules importés en pièces détachées, en vue de leur montage sur le territoire national, les droits de consommation et d'accises ne sont dus qu'à la production locale lorsque le véhicule revêt sa présentation commerciale définitive[42] ;

---

[41] Article 2 de l'Arrêté ministériel n°010/CAB/MIN/FINANCES/2008 portant mesures d'application de la loi n°08/022 du 16 mai 2008 modifiant et complétant l'ordonnance-loi n°68-010 du 6 janvier 1968 relative aux droits d'accises et de consommation et au régime des boissons alcooliques.

[42] Article 3 de l'AM n°010/CAB/MIN/FINANCES/2008.

- L'assiette du droit de consommation et d'accises spécial sur les cigarettes fabriquées localement est le prix ex-usine hors taxes.

Les agents de douanes et d'accises dûment commis à cet effet sont habilités à vérifier l'exactitude du prix ex-usine déclaré et de constater les infractions en la matière. À l'importation, l'assiette du droit de consommation et d'accises est la valeur CIF majorée des droits de douane (article 4 de l'arrêté n°010/2008 portant mesures d'application de la loi n°08/002 du 16 mai 2008).

Pour les cigarettes importées, l'assiette du droit de consommation et d'accises spécial est la valeur CIF majorée des droits de douane. Ce droit de douane est payé au même moment et dans les mêmes conditions que les droits de douane.

B. Les éléments matériels

Le législateur définit et incrimine des faits constitutifs d'infractions en matière de droits de consommation dont notamment[43] :

- La soustraction des produits au paiement des droits ;
- L'omission de tenir dans les formes réglementaires les registres et comptes ;
- La fabrication des produits sans autorisation ;
- La fabrication des produits soumis aux droits alors que l'autorisation a été retirée ;
- La détention des marchandises de fraude ;
- Toute infraction aux mesures prises en vertu de l'ordonnance du 6 janvier 1968 ;
- Toute infraction aux mesures relatives au fonctionnement des distilleries et au régime d'alcool ;
- Le refus d'exercice.

[43] Article 26 à 29 de l'ordonnance-loi n°68-010 du 6 janvier 1968.

Toute minoration du prix ex-usine est assimilée à la soustraction des produits au paiement des droits prévus à l'article 26 dont question. L'infraction à l'article 26 est, d'une part, punie de six jours à deux mois de servitude pénale. Ellc cst d'autre part réprimée d'une amende égale à trente fois le montant des droits ou d'une de ces peines seulement.

Il sera outre appliqué la saisie et la confiscation des produits qui ont fait l'objet de l'infraction, du matériel et des moyens de transport ayant servi à la fraude. Lorsque les objets susceptibles de confiscation n'ont pu être saisis, la valeur doit être payée à l'Administration douanière. Tous les droits exigibles doivent être ajoutés.

C. La sanction de l'infraction

Les infractions à l'article 27 de l'ordonnance-loi n°68-010 du 6 janvier 1968 sont punies d'une amende équivalent de cinquante zaïres à un millier de zaïres. Quant aux infractions à son article 28, elles entraînent en plus la fermeture immédiate de l'établissement où les produits ont été obtenus et la confiscation des matières premières restantes.

2. Infractions en matière de régime des boissons alcooliques

A. La base légale de l'infraction

La violation des dispositions impératives relatives au régime des boissons alcooliques est constitutive d'infractions. Ce sont les infractions à l'article 34 et 51 de l'ordonnance-loi 68-010 du 6 janvier 1968.

B. Les éléments matériels de l'infraction

Sont concernées comme infraction au régime des boissons alcooliques, les actes ci-après :

- La fabrication des alcools et boissons alcooliques ;
- Le commerce des alcools sans licence prévue et organisée par l'ordonnance-loi de 1968 ;
- L'importation à des fins commerciales des alcools des alcools et boissons alcooliques ;
- La fabrication à des fins commerciales des alcools et boissons alcooliques sans licence ;
- La préparation à des fins commerciales des alcools et boissons alcooliques.

Font exception à cette règle et, partant, ne sont pas constitutives d'infractions[44] :

- L'importation et la cession des vins servant à l'exercice des cultes ;
- L'importation des boissons distillées en quantités inférieures à cinq litres, par des particuliers, pour leur usage personnel et qui, en aucun cas, ne peuvent cédées ;
- L'importation de boissons fermentées pour une quantité maximum de 1 à 5 litres, par des particuliers, pour leur usage personnel, et qui en aucun cas, ne peuvent être cédées ;
- L'importation et la cession d'alcool bon goût destiné à des usages pharmaceutiques, ou d'alcool éthylique chimiquement pur destiné à des usages de laboratoire ;
- Les opérations relatives aux boissons fermentées de préparations coutumières.

---

[44] Article 34 de l'ordonnance-loi du 6 janvier 1968.

C. La sanction de l'infraction

La peine est d'une servitude pénale de 8 jours à une année et d'une amende de l'équivalent d'un zaïre à 500 zaïres ou de l'une de ces peines seulement. Il est en plus procédé à la suspension ou au retrait de la licence.

Est aussi infractionnel et puni de huit jours à un an de servitude pénale, le fait de :

- tolérer dans sa demeure l'exploitation d'une distillerie clandestine ;
- détenir sans licence dans un établissement de cession ou de débit ou dans un local attenant, des boissons alcooliques dont la cession ou le débit doit être couvert par une licence.

3. Autres infractions au régime de boissons alcooliques

A. La base légale de l'infraction

L'article 36 de l'ordonnance-loi du 6 janvier 1968 en constitue le siège de la matière.

B. Les éléments matériels de l'infraction

Sont également qualifiées d'infractions en matière des droits d'accises ou de consommation[45] :

- Le débit ou la cession des boissons alcooliques à des personnes en état apparemment d'ivresse ;
- Le débit ou la cession des boissons alcooliques à des personnes âgées de moins de 18 ans non accompagnées de leurs parents ;
- Le débit ou la cession d'une boisson alcoolique tirant plus de 45° ;

[45] Article 36 de l'ordonnance – loi du 6 janvier 1968.

- Le fait pour une personne ayant fait l'objet de retrait ou de la suspension d'une licence de continuer à fabriquer, à commercer les alcools, à importer, fabriquer ou préparer à des fins commerciales les débits, la cession et toutes opérations relatives aux alcools.

C. La sanction de l'infraction

L'article 27 de la même ordonnance-loi de 1968 prévoit des sanctions à infliger aux autres auteurs de ces infractions. Il s'agit d'une amende de cinquante zaïres à un millier de zaïres. Pour les infractions au régime des licences :

- Le titulaire condamné à deux reprises d'infraction à la législation sur les prix se verra retirer sa licence conformément à l'article 43 de l'ordonnance précitée ;
- En cas de retrait de licence, l'intéressé remet les boissons en sa possession aux autorités désignées ;
- En cas de cumul d'infraction douanière et des droits de consommation, les boissons doivent être déposées au bureau du receveur ;
- L'autorité qui a prononcé le retrait peut autoriser la vente des alcools ou de boissons emmagasinées au profit de l'intéressé à un ou plusieurs titulaires d'une licence (article 44 de l'ordonnance-loi susmentionnée).

§3. La contrebande douanière

Beaucoup d'importateurs ou exportateurs ont fait de la contrebande et de la fraude des éléments de leur réussite. La RDC n'est pas épargnée par la fraude car, de par ses dimensions, ses ressources minérales et le nombre de ses pays limitrophes, elle reste un pays très exposé à la fraude douanière.

1. Divers actes de contrebande

La contrebande est définie comme des importations et exportations en dehors des bureaux. Elle s'étend de toute violation des dispositions légales ou réglementaires relatives à la détention et au transport des marchandises à l'intérieur du territoire douanier[46].

Sont assimilées à des actes de contrebande les importations ou les exportations sans déclaration lorsque les marchandises passant par un bureau de douane sont soustraites à la visite du service des douanes par dissimilation dans des cachettes spécialement aménagées ou dans des caves ou espaces vides qui ne sont pas normalement destinés au logement des marchandises.

Le fait de contrebande se reconnaît par la fraude douanière aggravée par l'absence de passage par un bureau de douane ou par absence de déclaration[47]. Par contrebande[48], on entend des importations ou exportations en dehors des bureaux de douane ainsi que toute violation des dispositions de la législation douanière relatives à la détention et au transport des marchandises à l'intérieur du territoire douanier.

Constituent des faits de contrebande, notamment :

- La violation des dispositions des articles 20 points 3 et 4, 95 points 1 et 3, 99, 102 point 1 et 111 point 1 du présent code ;
- Les versements frauduleux ou embarquements frauduleux de marchandises effectués soit dans l'enceinte des ports, aéroports, gares, soit sur les côtes ou rives ;

---

[46] Définition tirée de l'article 417 du code français des douanes.
[47] LUKOMBE NGHENDA, *op. cit*, p. 696.
[48] Article 386 de l'ordonnance-loi n°10/002 du 20 aout 2010.

- les soustractions ou substitutions en cours de transport de marchandises expédiées sous un régime suspensif, l'inobservation sans motif légitime des itinéraires et horaires fixés, les manœuvres ayant pour but ou pour résultat d'altérer ou de rendre inefficaces les moyens de scellement, de sûreté ou d'identification et, d'une manière générale, toute fraude douanière relative au transport de marchandises expédiées sous régime suspensif des droits et taxes ;
- la violation des dispositions, légales ou réglementaires, portant prohibition d'exportation ou de réexportation ou bien subordonnant l'exportation ou la réexportation au paiement des droits et taxes ou à l'accomplissement de formalités particulières, lorsque la fraude a été faite ou tentée en dehors des bureaux de douane et qu'elle n'est pas spécialement réprimée par une autre disposition du code des douanes.

Sont assimilées à des actes de contrebande, les importations ou exportations sans déclaration de marchandises, lorsque les marchandises passant par un bureau de douane sont soustraites à la visite des agents des douanes par dissimulation, notamment dans des cachettes spécialement aménagées ou dans des cavités ou espaces vides qui ne sont pas normalement destinés au logement des marchandises.

Ainsi, constituent des importations ou exportations sans déclaration de marchandises :

a. Les importations ou exportations par les bureaux de douane, sans déclaration de marchandises ou sous le couvert d'une déclaration de marchandises non applicable aux marchandises présentées ;
b. Les soustractions ou substitutions des marchandises sous douane ;

c. Le défaut de dépôt, dans le délai imparti, des déclarations complémentaires prévues à l'article 128 du présent code.

Sont réputées faire l'objet d'une importation sans déclaration de marchandises :

a. Les marchandises déclarées pour le régime de réimportation en l'état en cas de non représentation ou de différence dans la nature ou l'espèce entre lesdites marchandises et celles présentées à l'exportation ;
b. Les marchandises prohibées découvertes à bord des navires se trouvant dans les limites des ports indépendamment des marchandises régulièrement reprises dans la déclaration de chargement ou composant la cargaison et des provisions de bord dûment présentées avant visite.

Il y a contrebande, lorsque l'Administration douanière découvre, par exemple :

- Un entrepôt de marchandises d'origine étrangère non déclarées ;
- Dans un container, des matériels vidéo et informatiques alors qu'une déclaration était déposée au bureau pour de la friperie ;
- Mille cartons de marchandises là où la déclaration n'en mentionnait que quatre cent cinquante.

Par exemple, faire atterrir un avion plein de marchandises sur une piste de l'intérieur du pays où les contrôles ne se font quasiment pas et faire rejoindre cet avion Kinshasa ou un autre lieu en vol domestique, sans nul doute, dans le but que les marchandises échappent au contrôle en douane, constitue un acte de contrebande[49].

---

[49] THAMBWE MWAMBA, *Droit douanier zaïrois*, éd. PUZ, Kinshasa 1996, pp. 20 et suivants.

Les éléments matériels suivants peuvent constituer les actes de contrebande commis :

- En groupe par trois individus au moins ;
- Par cachette ;
- Au moyen de véhicules à moteur mécanique. Elle est alors punissable de la servitude pénale de six mois à trois ans.

Lorsque la fraude a lieu à main armée, la servitude pénale est plus sévère que les peines prévues par le Code pénal ordinaire. Quant aux infractions qui peuvent être constatées à l'occasion de poursuites pour contrebande, notamment les injures et les voies de fait, la rébellion, la corruption etc., les textes de droit commun y relatifs doivent être interprétés strictement[50].

2. Autres formes de fraude

Sont ici concernées, des fraudes incriminées sous d'autres cieux, mais que le législateur congolais n'a pas encore cernées et définies nommément en infractions spécifiques. Elles sont la résultante des avancées technologiques ou des nouvelles formes de criminalités.

Elles peuvent porter sur des produits d'usages licites (logiciels, caméras, lecteurs DVD, etc.) ou sur les contrefaçons (pièces détachées de voitures, vêtements, cigarettes, livres, faux monnayage, médicaments, matières précieuses, etc.) ou encore sur les produits alimentaires (qualité, nature, poids et mesures utilisées, le frelatage de vins et de laits) ainsi que des brevets et marques.

En définissant sommairement ces fraudes, et en les intégrant dans ce livre, nous amorçons par-là, *de lege ferenda*, une ébauche des propositions pour une lutte

---

[50] Cass., 10 décembre 1968, B. 336 ; 10 novembre 1970, B. 293.

efficiente et sans merci contre les nouvelles formes de fraude.

A. Fraudes en matière de licence

La licence est un contrat de droit commercial par lequel le titulaire d'un droit de propriété industrielle concède à un tiers (personne physique ou morale) en tout ou en partie la jouissance de son droit d'exploitation gratuitement ou à titre onéreux moyennant paiement d'une redevance[51].

La demande de transmission ou de cession du brevet doit être effectuée sur formulaire et doit être accompagnée d'une copie de l'acte authentique relatif au changement du titulaire du brevet. La demande d'une concession de licence partant sur un brevet doit être effectuée conjointement par le donneur et le preneur de licence et ce, sur un autre formulaire.

Sont soumis à l'approbation expresse du ministère de l'Industrie après avis, le cas échéant, des services publics intéressés, la conclusion, la modification ou le renouvellement des contrats de licence avec les étrangers (personnes physiques ou morales) portant sur l'exploitation de certains produits tels que : les armes et explosifs, les cosmétiques, les contraceptifs, les vaccins et conserveries, etc.

Des licences sont parfois requises en raison de certaines conditions ou restrictions applicables à l'importation ou à l'exportation des marchandises. Ces restrictions sont généralement imposées par des ministères d'agriculture, industrie, défense, commerce extérieur…, mais l'Administration douanière en assure l'application.

---

[51] BOFOE LOKANGU, *Droit congolais de la propriété intellectuelle, l'Harmattan*, Paris, 2022, p.34.

Il en est ainsi de :

- marchandises sensibles et marchandises destinées à l'armée (armes, substances nucléaires, produits chimiques et précurseurs biologiques) ;
- produits agricoles ;
- objets d'arts, objets d'antiquité et biens culturels et
- autres produits industriels.

Il faut épingler d'abord les fraudes commises à l'aide de licences contrefaites. La licence est entièrement fausse et n'a pas été obtenue auprès de l'autorité compétente. Cette licence peut également porter un faux cachet.

Elle peut ensuite se perpétrer par licences authentiques auxquelles des modifications ont été apportées. Ici, la licence souhaitée a été obtenue auprès de l'autorité compétente. Des altérations lui ont ensuite été apportées de façon à modifier certains éléments de faits importants.

Elle peut en outre se réaliser par faux renseignement présentés en vue d'obtenir une licence. Une fraude en matière de licences peut être commise pour diverses raisons, notamment :

- échapper aux prohibitions, restrictions ou contingentements ;
- bénéficier d'une réduction du taux de droits ou d'autres taxes ;
- tirer avantage d'une concurrence déloyale ;
- échapper à la fiscalité interne…

B. Fraudes portant sur des marchandises contrefaites/pirates

L'importation sous tout régime douanier, l'exportation, la réexportation et le transbordement de marchandises présentées sous une marque contrefaite ou pirate, est interdite. Les marchandises contrefaites sont toute marchandise, portant sans autorisation une marque de fabrique ou de commerce qui est identique à la marque de fabrique ou de commerce valablement enregistrée pour lesdites marchandises.

C'est aussi toute marque de fabrique ou de commerce conçue sans autorisation pour être fixée sur les marchandises ou toute marchandise portant une marque identique à une marque de fabrique ou de commerce protégée.

Les marchandises pirates sont des copies faites sans le consentement du détenteur du droit ou d'une personne dûment autorisée. La fraude est ici perpétrée pour se procurer un avantage par l'exercice d'une concurrence déloyale. Elle peut aussi avoir pour motivation d'échapper aux lois se rapportant aux brevets, droits d'auteur, prohibitions et restrictions ou pour blanchir des fonds.

Cette fraude porte sur la nature de marchandises de contrefaçon, notamment sur le tabac, les textiles, les montres, les chaussures et appareils électroniques, les appareils phonographiques, les jeux et jouets, les accessoires (ceintures, sacs, bijoux et articles divers), les accessoires informatiques, les téléphones portables et accessoires, les articles de toilette et cosmétiques[52].

La plupart des produits contrefaits présentent un risque pour la santé publique et la sécurité. Il s'agit notamment des produits pharmaceutiques fabriqués à partir de composants nocifs ou de qualité moindre, voire dépourvus de principe actif, des boissons et des produits alimentaires fabriqués à l'aide de matières de qualité inférieure, sans véritables contrôles de qualité, des pièces automobiles ne

[52] Cette liste, non exhaustive, est puisée dans *Rapport Douanes* et DPI, 2007 de l'Organisation Mondiale des Douanes, pp. 13-37.

respectant pas les normes de sécurité ou les jouets peints à l'aide de produits chimiques nocifs.

Ces produits peuvent être contaminés à n'importe quelle étape du processus avant d'atteindre les consommateurs. Ils sont dangereux, parfois même fatals. Tous ces éléments rappellent à quel point la contrefaçon peut s'avérer dangereuse[53].

- Poursuite en matière de contrefaçon

Les infractions de contrefaçon constituent également des infractions à la loi sur la propriété intellectuelle. Les poursuites en la matière par la douane s'exercent souvent parallèlement aux poursuites de droit commun.

Par contrefaçon au sens de l'article 88 de la loi du 7 janvier 1982 portant propriété industrielle, il faut entendre toute atteinte portée sciemment aux droits du breveté constitue une infraction de contrefaçon qui engage la responsabilité tant pénale que civile de son auteur. Notons que les faits antérieurs à la publication du brevet ne constituent pas une contrefaçon et ne peuvent motiver une condamnation même au civil[54].

L'action en contrefaçon est engagée par le breveté. Toutefois, le titulaire d'une licence exclusive est également recevable à agir en contrefaçon dans les limites du préjudice qu'il a subi à moins que le breveté ne se soit réservé les prérogatives de l'action en contrefaçon. Dans tous les cas, le titulaire d'une licence exclusive n'est recevable à agir en contrefaçon que si après une mise en demeure le breveté n'exerce pas cette action.

---

[53] La lutte contre la contrefaçon doit être renforcée par des méthodes et techniques de travail modernes couplées à l'utilisation de technologie et outils performants et d'un dispositif législatif adéquat.

[54] Articles 88 et ss de la loi n°82-001 du 7 janvier 1982.

Notons ici que, contrairement à la procédure pénale de droit commun qui n'admet pas l'hypothèse d'une intervention volontaire en cours d'instance, la loi sur la propriété industrielle, en tant que loi spéciale prévoit la possibilité pour le breveté d'intervenir dans l'instance en contrefaçon engagée par la licence. De même tout licencié exclusif est recevable d'intervenir dans l'instance en contrefaçon engagée par le breveté afin d'obtenir la réparation du préjudice qu'il aurait subi.

Signalons que les personnes jouissant de l'action en contrefaçon peuvent faire prendre par ordonnance du tribunal compétent des mesures conservatoires, notamment faire procéder, assisté ou non d'experts de leur choix, à la description détaillée avec ou sans saisie des objets prétendus contrefaits. Cette ordonnance est rendue sur simple requête au vu des titres justificatifs.

Retenons que la saisie réelle donne lieu au paiement préalable d'un cautionnement dont le montant est fixé par la mesure d'exécution. À défaut pour le requérant de saisir la juridiction compétente dans un délai maximum de 3 mois à compter de la date de notification de l'ordonnance dont question ci-dessus, la saisie est nulle de plein droit sans préjudice des dommages et intérêts qui peuvent être réclamés.

Le délit de contrefaçon est passible d'une peine de servitude de 1 à 6 mois et d'une amende dont le montant est fixé par les mesures d'exécution ou d'une de ces peines seulement. En cas de récidive, le contrefacteur est puni du double des peines maxima prévues. Et il y a récidive lorsque le prévenu a déjà encouru au cours des 6 dernières années une condamnation du chef de contrefaçon[55].

---

[55] BOFOE LOKANGU, *Droit congolais de la propriété intellectuelle*, L'Harmattan, Paris, 2022, p. 41.

Notons que :

- L'action publique pour contrefaçon ne peut être exercée par le ministère public que sur demande de la partie lésée ;
- L'action civile fondée sur la contrefaçon n'est recevable que si l'infraction de contrefaçon est établie pénalement ;
- Lorsque l'action en contrefaçon aboutit, le tribunal compétent ordonne cessation par le contrefacteur de toute activité portant atteinte aux droits de la partie lésée ;
- À la demande de celle-ci, le tribunal pourra lui allouer des dommages et intérêts pour préjudice subi et ordonner à son profit la confiscation des objets reconnus contrefaits et le cas échéant, celle des instruments ou ustensiles destinés spécialement à leur fabrication.

Lorsqu'il y a constat à la détention ou à la circulation, pour les marchandises de contrefaçon de marque uniquement, la douane exigera en tout point du territoire que leur détenteur fournisse un justificatif. Cet acte a pour but d'attester la régularité de la situation de la marchandise sur le territoire douanier. En l'absence de justificatif, la marchandise contrefaite est réputée avoir été importée frauduleusement.

- Les sanctions

Les sanctions douanières se cumulent avec les sanctions pénales de droit commun susceptibles d'être infligées à l'auteur de la contrefaçon. Le code des douanes prévoit :

- La confiscation des marchandises de fraude, des moyens de transport, des objets et marchandises ayant servi à dissimuler la fraude ;
- Une amende égale au triple de la valeur des marchandises.

La chambre criminelle a rappelé que les juridictions répressives doivent ordonner la confiscation des marchandises de contrefaçon, quand bien même elles ne prononceraient aucune condamnation.

C. Fraude en matière d'admission temporaire

L'admission temporaire est un régime douanier qui permet de recevoir dans un territoire douanier en suspension des droits et taxes à l'importation et sans application des prohibitions ou restrictions à l'importation de caractère économique, certaines marchandises, importées dans un but défini et destinées à être exportées, dans un délai déterminé, sans avoir subi de modification, exception faite de leur dépréciation normale par suite de l'usage qui en est fait.

La fraude consiste à éluder le paiement des droits et taxes de douane exigibles pour des marchandises importées ou exportées sous ce régime. Cette activité frauduleuse est destinée à éviter diverses prescriptions auxquelles sont soumises les marchandises importées ou exportées au titre de ces procédures.

D. Fraude en matière d'entreprises fictives

Les entreprises fictives sont exploitées uniquement à des fins illicites, y compris la fraude fiscale. Les entreprises fictives n'existent pas ou n'existent que sur papier. Elles peuvent ou non avoir déposé leurs statuts auprès des autorités. Elles utilisent souvent de faux noms et adresses. Ces entreprises « fantôme » n'ont en réalité aucune activité commerciale. Elles produisent uniquement du papier pour faire illusion.

Elles peuvent s'adonner à la fraude de plusieurs façons :

- Un commerçant qui impose des marchandises de façon frauduleuse ou en enfreignant une prohibition peut fournir des documents d'importation au nom d'une entreprise « fantôme ». Si les marchandises font l'objet d'un contrôle, il sera impossible de remonter jusqu'à l'importateur. Celui-ci donnera aux fonctionnaires des douanes des renseignements qui ne permettront pas de retrouver sa trace.
- Un importateur peut déclarer à la douane des marchandises importées en présentant une facture établie au nom d'une entreprise « fantôme ». La facture fera état d'une valeur inférieure à celle de la facture réelle afin de verser des droits de douane inférieurs à ceux normalement dus.

Une société fantôme peut être utilisée à d'autres fins que la fraude fiscale. Des factures de sociétés « fantôme » peuvent être utilisées pour blanchir le produit d'une fraude fiscale ou d'une activité criminelle. Elles peuvent être utilisées pour attribuer une fausse origine aux marchandises.

E. Fraude en matière de liquidations organisées de sociétés

Une société se met elle-même en liquidation délibérément et sans aucune nécessité. Elle organise sa liquidation. Généralement, elle poursuit son activité sous couvert d'une série d'autres sociétés différentes dont aucune ne dispose d'actifs saisissables. Ces nouvelles sociétés utilisent d'habitude les mêmes locaux et ont les mêmes fournisseurs, les mêmes clients et le même personnel. Les autorités fiscales sont leurs créanciers principaux ou uniques.

Une société en liquidation peut laisser des dettes envers les autorités fiscales. Pareille liquidation est frauduleuse lorsque les sociétés se mettent en liquidation pour se soustraire délibérément à leurs obligations fiscales. La liquidation frauduleuse se pose avec acuité aux administrations douanières lorsque les droits doivent être acquittés *à posteriori*. L'existence d'un système de paiement différé applicable aux marchandises importées, aux marchandises en entrepôts et aux droits d'accises favorise cette fraude.

F. Fraude en matière d'utilisation finale

Le tarif douanier applique parfois un taux de droits inférieur ou nul à certaines marchandises importées pour une utilisation finale spécifique. Des certificats d'utilisation finale sont parfois requis par l'autorité douanière pour justifier l'utilisation finale déclarée.

En matière d'utilisation finale, la fraude consiste à détourner des marchandises importées de l'utilisation finale à laquelle elles sont expressément destinées. Le but est généralement de bénéficier d'un taux de droits inférieur ou nul.

Diverses fraudes peuvent être perpétrées :

- Des marchandises sont importées avec l'intention de les détourner en vue d'une utilisation finale non autorisée ;
- Des marchandises sont importées pour une utilisation finale déterminée, mais ensuite détournées en vue d'une utilisation finale non autorisée. Il n'y a pas fausse déclaration au moment de l'importation ; ultérieurement il a décidé de détourner les marchandises.

La fraude en matière d'utilisation finale peut être commise pour bénéficier d'une réduction du taux de droits ou d'autres taxes. Les fraudeurs y recourent pour tirer profit d'une concurrence déloyale.

G. Fraude en matière d'admission en franchise des droits et taxes

Par l'expression « admission en franchise des droits et taxes » de douane, il faut entendre la mise à la consommation de marchandises en exonération des droits et taxes à l'importation ou à l'exportation pour autant que ces marchandises sont importées ou exportées dans des conditions déterminées et dans un but défini dans les régimes de perfectionnement actif ou passif. La franchise totale ou partielle peut être accordée pour raisons économiques, administratives ou politiques.

Pendant les stades des perfectionnements actif (avant déclaration, importation, fabrication/perfectionnement et exportation) et passif (approbation, exportation et réimportation), la fraude peut se produire indistinctement.

La fraude en matière d'admission en franchise dans le cadre du perfectionnement est perpétrée pour des raisons financières. A titre d'exemple pour :

- Élucider le paiement des droits et taxes à l'importation ;
- Éviter des prohibitions ou des restrictions ;
- Substituer aux marchandises importées des marchandises produites sur place, les marchandises importées étant ensuite détournées pour mise en consommation sur le marché intérieur ;
- Réduire le montant des droits à acquitter ;
- Éviter les contrôles et les formalités douanières.

3. La solidarité en matière de fraude douanière

Les condamnations contre plusieurs personnes pour une même infraction douanière sont solidaires, tant pour les droits et taxes et les pénalités pécuniaires tenant lieu de confiscation que pour les amendes et dépens, à l'exception des infractions aux articles 30 point 1 et 40 point 1 du code des douanes[56].

Les propriétaires des marchandises, ceux qui se sont chargés de les importer ou de les exporter, les déclarants, les commissionnaires en douane, les détenteurs, les intéressés à la fraude et les complices, sont tous solidaires pour le paiement des droits et taxes, des amendes, des sommes tenant lieu de confiscation et des dépens[57].

§4. Infractions liées au commerce international

1. Délits liés au trafic illicite des marchandises prohibées au niveau international

Les administrations des douanes, en raison de leur présence aux frontières, jouent de par le monde un rôle capital et essentiel dans la protection de l'environnement, dans la lutte contre le blanchiment, dans la détection et la surveillance des mouvements transfrontaliers d'espèces monétaires et d'instruments monétaires.

En effet, le commerce international de certaines marchandises écologiquement sensibles et des espèces menacées d'extinction, le trafic international des drogues, des substances psychotropes et des précurseurs, le commerce international illégal de marchandises sensibles, donnent lieu à une criminalité transnationale, souvent organisée.

Ces délits s'étendent sur plusieurs pays et impliquent souvent des organisations criminelles transfrontalières. La douane, de par sa situation aux frontières et ses attributions, se trouve alors aux premières loges de la lutte.

---

[56] Article 381 du code des douanes.
[57] Article 382 du code des douanes.

Ces infractions, il est vrai, ne relèvent pas de la seule responsabilité de la douane. Elles relèvent aussi et surtout des institutions et juridictions de prévention et de répression mais également des services d'ordre et de sécurité publics.

Toutefois, il incombe à la douane de lutter contre le trafic illicite des marchandises, d'espèces sauvages, le commerce illicite de déchets dangereux, des marchandises sensibles, des drogues, des stupéfiants, des substances psychotropes, des précurseurs chimiques et de la contrebande de substances appauvrissant la couche d'ozone.

La douane doit intercepter les mouvements frontaliers illicites d'espèces monétaires et d'instruments monétaires, saisir ou confisquer le produit des délits et les fonds liés au terrorisme. Elle doit récupérer le produit des délits ou destinés à financer les actes de terrorisme.

Pour ce faire, la douane doit disposer d'une culture de coopération internationale, de renseignement, d'échange d'informations[58] et de développer des partenariats privilégiés ainsi que des actions fortes de coopération. Pour ces enjeux multiples, des capacités et des aptitudes sont indispensables pour tirer au maximum profit des nouvelles méthodes et technologies existantes. Dans cette logique, l'aspect formation continue et personnelle revêt un caractère prioritaire.

---

[58] L'article 21, point 5 de la loi 009-2003 relative à l'évaluation en douane des marchandises autorise l'administration des douanes, sous réserve de réciprocité, à fournir aux autorités compétentes des pays étrangers, tous renseignements, certificats, procès-verbaux et autres documents, en vue de prévenir, de rechercher et de réprimer les infractions relatives à la législation douanière.

2. Les délits environnementaux

Les douanes assurent le respect des dispositions des accords environnementaux multilatéraux et de la législation nationale. Elles sont chargées de contrôler le commerce de certaines marchandises écologiquement sensibles et des espèces menacées d'extinction, d'identifier et détecter la fraude et autres infractions et de contribuer à mieux sensibiliser les usagers à ce commerce illicite[59].

Dans le cadre des espèces en voie de disparition ou rares, il sied d'indiquer notamment l'interdiction d'abattre des chimpanzés nains, des chimpanzés à face claire, des paons congolais, des hippopotames, des pangolins géants, des tortues comestibles et conséquemment l'interdiction de leur exportation sans autorisation.

La douane doit déployer des efforts pour lutter contre les délits environnementaux. Ces délits touchent l'ensemble de la société. Des espèces sauvages sont victimes du braconnage et éloignées de leur habitat naturel.

Le braconnage d'espèces menacées, par exemple, affecte les revenus de la population rurale et place certaines espèces au bord de l'extinction. Des peaux de tigres ou des défenses en ivoire passent par plusieurs mains. La déforestation causée par l'abattage illégal d'arbres est largement responsable du changement climatique : elle est à l'origine de jusqu'à 20% des émissions de gaz à effet de serre.

Les substances qui appauvrissent la couche d'ozone affaiblissent également les systèmes immunitaires de l'homme et sont à l'origine des cancers de la peau et des cataractes ; d'où il y a urgence de hâter leur suppression

---

59 *Revue OMD Actualités*, n°58-février 2009, pp. 9-17.

progressive. Les déchets dangereux provoquent un empoisonnement des sols et des eaux, avec des répercussions sur la santé et sur les conditions de vie des populations. Le commerce international illégal de marchandises sensibles entraîne aussi pour les gouvernements une perte de recettes fiscales[60].

La douane se doit, en matière de contrôle du commerce international des marchandises sensibles du point de vue environnemental, de lutter contre le trafic illicite de ces marchandises. Cela est d'autant plus nécessaire que les fonctionnaires de la douane et les autres personnes sont susceptibles d'être exposés à ces articles potentiellement dangereux.

La douane doit prioriser la lutte sur le plan de la prévention, de la détection et de la répression de ces délits. Des mesures efficaces sont à prendre par une amélioration de la prise de conscience, de l'échange de renseignements entre les douanes, les autorités responsables compétentes et les autres administrations chargées de la lutte contre la fraude aux niveaux national et international.

Cela est d'autant plus nécessaire que la mondialisation facilite également la circulation des marchandises dangereuses pour l'environnement, en toute impunité. Ce qui implique le respect et l'application des accords multilatéraux sur l'environnement liés au commerce car ceux-ci assurent la régulation ou l'interdiction du commerce international d'articles sensibles du point de vue environnemental. Deux instruments juridiques internationaux en constituent le cadre juridique, à savoir :

---

60 Recommandation du Conseil de coopération douanière concernant les mesures de lutte contre les délits environnementaux transfrontaliers.

- La convention de Vienne pour la protection de la couche d'ozone de 1985 ;
- Le protocole de Montréal relatif à des substances qui appauvrissent la couche d'ozone de 1987, tel qu'ajusté et/ou amendé à Londres (1990), à Copenhague (1992), à Vienne (1995), Montréal (1997) et à Beijing (1999).

Après son adhésion à ces deux instruments internationaux, la RDC recourt à l'arrêté interministériel n°21/2004 du 06 mai 2004 portant réglementation relative aux importations, réimportations, exportations et réexportations des substances qui appauvrissent la couche d'ozone et des produits et/ou équipements contenant de telles substances.

Il résulte de l'article 6 de l'arrêté sus indiqué l'institution d'un quota global en fonction des besoins du pays. Ainsi, toute personne désireuse d'importer des substances qui appauvrissent la couche d'ozone et des produits et/ou équipements contenant de telles substances doit en solliciter un quota individuel attribué en fonction du quota global.

En plus, toute importation, réimportation, exportation et réexportation des substances, produits et/ou équipements susvisés est soumise à l'obtention préalable d'une autorisation spéciale délivrée par le ministère de l'environnement et d'un passavant de transport délivré par l'administration en charge des douanes et accises.

Section III. Infractions du droit commun applicables en droit pénal douanier

Le législateur congolais prévoit certaines infractions applicables en droit douanier congolais dans les articles 123 et 124 du Code pénal livre II. L'article 124 du CPL II prévoit et punit l'usurpation de fonctions publiques et l'article 123 bis punit le port illégal de décorations. Tandis que l'article 124 du même Code pénal punit les faux commis en écritures.

Peut-on dire que le rédacteur s'était-il trompé à la place de l'article 123, il mettrait 126 qui prévoit et punit l'usage de faux, dans la mesure où la logique demeure simple de punir le faussaire et celui qui en fait usage dans l'intention de frauder. Trois infractions méritent d'être analysées ici : le faux en écriture et l'usage de faux ainsi que l'escroquerie de nature fiscale et douanière.

§1. Le faux en écriture

En fait, la démarche des autorités judiciaires devant les faits qui leur sont rapportés ou qu'elles ont elles-mêmes constatés, consistera à confronter avec la définition que la loi fait de telle infraction. L'article 124 du Code pénal[61] dispose que le faux commis en écritures avec une intention frauduleuse ou à dessein de nuire sera puni d'une servitude pénale de six mois à cinq ans et d'une amende de vingt-cinq à deux mille francs ou d'une de ces peines seulement. De cet élément légal, cette infraction exige aussi la réunion des éléments matériel et moral.

---

[61] Article 124 du Code pénal livre II.

1. Les éléments matériels de l'infraction

Le faux en écriture est une altération de la vérité dans un écrit quel qu'il soit, avec une intention frauduleuse ou à dessein de nuire et susceptibles de causer un préjudice. Cette infraction exige : l'altération de la vérité : fausseté qui peut consister :

- *En faux matériel* : l'altération de la matérialité de l'écrit tel qu'un grattage, une surcharge ou lacération, une insertion, l'abus d'un blanc-seing, l'apposition d'une fausse signature, le découpage d'une partie du texte, la juxtaposition de fragments empruntés à des documents originaux.
- *En faux intellectuel* : l'altération des énonciations de l'écrit sans que sa matérialité soit falsifiée. Le faux doit se produire dans un écrit, en matière fiscale ou douanière, plusieurs écrits peuvent être falsifiées ou confectionnés par les contribuables ou redevables dans le but soit de minorer la dette fiscale ou douanière, ou surcharger les éléments de prix de revient, dans les documents comptables, les factures, ou tout autre écrit officiel ou privé.

2. L'élément moral

Il ne suffit pas que la vérité ait été altérée, consciemment ou volontairement, il faut que l'altération ait été commise méchamment ou frauduleusement, c'est-à-dire dans le but de nuire à autrui ou de se procurer à soi-même ou à d'autres des profits ou des avantages illicites.

L'intention frauduleuse est réalisée, dès que l'auteur agit pour procurer, soit à lui-même, soit à autrui, un avantage ou un profit illicite matériel ou moral. En plus l'altération de la vérité dans un écrit, doit avoir causé ou susceptible de causer un préjudice matériel ou moral à un particulier ou à la collectivité[62].

Le faussaire en écriture vise souvent à frauder l'impôt ou à le minorer au préjudice du trésor public, d'où le but est l'évasion fiscale afin de s'enrichir illicitement au détriment de l'intérêt général. C'est pourquoi, il est clairement établi que le faux en écriture peut être commis par un redevable légal, un contribuable ou toute autre personne qui établirait un écrit faux en relation d'affaire ou pas avec les assujettis.

Cette infraction est punissable car elle est l'une de la manifestation de la fraude fiscale et douanière, que les autres auteurs commettent de la manière délibérée et intentionnelle pour tromper l'administration douanière[63].

3. La peine applicable à l'infraction

La loi prévoit les peines principales à savoir : de 6 mois à 5 ans de servitudes pénales et d'une amende de 25 à 1000 FC ou l'une de ses peines seulement et il est possible que le juge ordonne la confiscation dudit acte faux et ordonner sa destruction. Lorsque celui qui commet cette infraction est un fonctionnaire de l'État, qui délivre un faux certificat dans l'exercice de ses fonctions, il est sanctionné en vertu de l'article 127 du Code pénal livre II.

§2. L'usage de faux

Il consiste à utiliser dans une intention frauduleuse ou à dessein de nuire, un acte faux ou une pièce fausse. L'usage de faux est différent du faux commis en écriture si le

---

[62] NYABIRUNGU MWENE SONGA, *Traité de droit pénal général congolais*, 2e éd. E.U.A, 2007, p 148.

[63] Georges MINEUR, *commentaire du Code pénal congolais*, éd. Larcier, Bruxelles 1955, page 285.

faussaire utilise lui-même la pièce qu'il a fabriquée ou altérée, il commet deux infractions successives : Faux et usage de faux. Pour que cette infraction soit retenue, trois conditions doivent être remplies : les éléments matériels, l'élément moral et le préjudice.

1. L'élément matériel

Il faut que l'auteur ait fait usage c'est-à-dire le fait d'utiliser ou de tenter d'utiliser un acte faux, établi, falsifié ou altéré. Et il faut que la pièce ait le caractère faux punissable. Le faux fiscal et douanier peut porter sur :

- Les documents ;
- Les factures ;
- Les contrats et pièces fabriquées ou falsifiées ;
- La mention d'un prix moindre que celui payé ou l'inverse ;
- Le prix payé « sous la table » ;
- L'identité inexacte du destinataire de la marchandise.

2. L'élément moral

L'auteur doit savoir que la pièce est fausse ou a été altérée, ce qui signifie qu'il a dû, au moment où il en faisait usage, connaitre la falsification de la pièce par lui utilisée. Et que l'auteur ait agi de mauvaise foi, soit dans une intention frauduleuse ou à dessein de nuire.

3. Le préjudice

Il faut qu'un préjudice ait dû résulter de la pièce fausse ou du moins devant pouvoir en résulter. Ledit préjudice mérite une condamnation compensatoire. À cet effet, il sied de constater que l'administration douanière, victime de cette fraude peut solliciter devant le juge pénal les pénalités de recouvrement en plus de peines de servitude pénale principale et les frais de justice.

Comme dit *supra*, il a été jugé que si le faux et l'usage du faux dans le chef du faussaire constituent l'exécution d'une seule intention coupable, dès lors, ils constituent une seule infraction punissable de la peine de faux.

L'Administration fiscale fait réprimer les manquements les plus graves par des sanctions pénales fiscales, pour donner un caractère dissuasif à la fraude fiscale. L'Administration douanière est maîtresse de l'initiative de l'engagement des poursuites pénales.

Les sanctions pénales[64] prévues aux articles 123 et 124 du Code pénal congolais peuvent ainsi être appliquées en cas de non-respect des règles fiscales et douanières impératives. Il s'agit notamment de la peine de servitude pénale, d'une amende égale au montant éludé ou non payé dans le délai ou l'une de ces peines seulement.

§3. L'escroquerie de nature fiscale et douanière

Au côté des plaintes pour fraude fiscale, la dénonciation des faits d'escroquerie en matière fiscale et douanière constitue un élément important de l'action pénale de l'Administration douanière contre l'incivisme fiscal. Les plaintes pour escroquerie à la TVA à l'importation ou à tout autre impôt permettent de faire sanctionner sévèrement des comportements particulièrement graves et d'obtenir pour l'État, en réparation de son préjudice, des dommages et intérêts à la hauteur des agissements commis.

L'escroquerie est une infraction de droit commun régi par l'article 98 du Code pénal livre II. Fiscalement, l'escroquerie est le plus souvent caractérisée en matière de

[64] Article 101 et suivants de la loi n°004/2003 du 13 mars 2003 portant réforme des procédures fiscales en RDC créé par la loi des finances n°17/014 du 24 décembre 2017.

TVA à l'importation ou exportation, mais peut également porter sur les droits de consommation ou d'accises.

1. La définition et les caractéristiques de l'infraction

Au sens de l'article 98 du Code pénal livre II[65], l'escroquerie est le fait, soit par l'usage d'un faux nom ou d'une fausse qualité, soit par l'abus d'une qualité vraie, soit par l'emploi de manœuvres frauduleuses, de tromper une personne physique ou morale et de la déterminer ainsi, à son préjudice ou au préjudice d'un tiers, à remettre des fonds, des valeurs ou un bien quelconque, à fournir un service ou à consentir un acte opérant obligation ou décharge.

Il est précisé que, de même qu'en matière de fraude douanière, l'infraction d'escroquerie peut être commis non seulement par l'importateur ou exportateur[66]. La constitution du délit nécessite que soient réunis un élément matériel et un élément intentionnel. Il appert donc d'analyser les éléments constitutifs de l'infraction de l'escroquerie fiscale.

A. L'élément matériel

L'élément matériel de l'escroquerie est constitué par l'existence de procédés dont la mise en œuvre a conduit à la remise d'un bien, de fonds ou de valeurs... L'escroquerie nécessite la réalisation de deux actes :

- la mise en œuvre de procédés frauduleux par l'auteur du délit ;
- et la remise d'un bien, de fonds ou de valeur par la victime.

---

[65] Article 98 du Code pénal livre II.
[66] Cass. Française. crim., arrêt du 21 décembre 1971, n° 70-92142.

a. La mise en œuvre des manœuvres frauduleuses

Les manœuvres frauduleuses supposent une machination, une ruse ou une combinaison d'actes extérieurs destinés à créer une apparence trompeuse d'où l'exclusion du simple mensonge, même réalisé par écrit. À l'allégation mensongère doit se joindre, pour constituer manœuvre frauduleuse, un fait extérieur, un acte matériel destiné à lui donner force et crédit.

Parmi ces actes extérieurs, on trouvera le plus fréquemment :

- la falsification de factures d'achats réels ;
- l'établissement de factures d'achats fictifs ;
- la constitution d'entreprises sans activité économique ou ayant une activité économique artificielle (sociétés taxis) chargées de porter une TVA sur leurs factures de complaisance en vue d'en permettre la récupération par leur client, tout en s'abstenant de la reverser à l'Administration fiscale.

b. La remise d'un fonds ou d'un bien

La remise peut intervenir de deux manières différentes :

- par remboursement direct ou tentative de remboursement au vu d'une demande de restitution ;
- par imputation sur le montant de la TVA due à raison du chiffre d'affaires imposable réalisé.

Sur ce point en l'absence de remise matérielle des fonds comme en l'absence de délivrance effective d'une quittance ou d'une décharge, la Cour de cassation française a adapté sa jurisprudence[67] aux formes les plus modernes

---

[67] Cass. crim., arrêt du 25 janvier 1967, n° 66-92.968 ; Cass. crim., arrêt du 17 octobre 1967, n° 66-92.187 ; Cass. crim., arrêt du 6 février 1969, n° 66-91.594 ; Cass. crim., arrêt du 10 décembre 1969,

de la fraude et a posé quelques principes qui paraissent bien établis :

- la déclaration de chiffre d'affaires vaut titre de créance à l'encontre du Trésor public pour le montant des taxes déclarées comme déductibles ;
- la circonstance que le titre qui constate l'extinction par déduction de la créance du Trésor public ait été créé par l'assujetti ne fait disparaitre aucun des éléments matériels du délit d'escroquerie ;
- il en est de même en l'absence de remise de fonds dès lors que le paiement effectué par voie scripturale vaut remise d'espèce ;
- le délit d'escroquerie se trouve alors consommé par l'acceptation par l'administration de la déclaration de chiffre d'affaires.

B. L'élément intentionnel de l'infraction

L'escroquerie est une infraction intentionnelle qui suppose la commission d'un acte positif en toute connaissance de cause de son caractère frauduleux. Si l'usage d'un faux nom, d'une fausse qualité ou l'abus d'une qualité vraie, dès lors qu'ils ont permis, notamment, la remise d'une chose appartenant à autrui, suffisent à constituer le délit d'escroquerie, il n'en est pas de même de l'emploi de manœuvres frauduleuses.

Il faut démontrer qu'elles ont été pratiquées dans le but de tromper la victime et de l'inciter ainsi à la remise de la chose (en l'espèce, persuader l'administration fiscale de l'existence d'un crédit fictif de TVA ou d'un autre impôt), et l'inciter au remboursement. Les manœuvres doivent avoir déterminé la remise ou la tentative de remise de fonds.

---

n° 67-91.046 ; Cass. crim., arrêt du 13 octobre 1971, n° 70-92.124 ; Cass. crim.,arrêt du 19 décembre 1973, n° 73-90.224).

C. La tentative d'escroquerie

L'article 98 du Code pénal punit la tentative d'escroquerie au même titre que le délit lui-même. Mais les tentatives de délit ne sont punissables qu'autant qu'elles remplissent les conditions par un commencement d'exécution et n'avoir été suspendue ou manqué leur effet qu'en raison de circonstances indépendantes de la volonté de leur auteur.

2. La répression de l'infraction

A. Action publique

Seul, le ministère public a qualité pour exercer l'action publique relative à l'escroquerie. Il est à noter cependant que la mise en œuvre des poursuites n'est subordonnée ni au dépôt d'une plainte ni à une dénonciation obligatoire, comme c'est le cas pour le délit de fraude fiscale.

Mais, dans la pratique, l'Administration douanière porte plainte afin de fournir au Parquet les éléments d'information qu'elle a pu recueillir, sur l'escroquerie fiscale, ainsi que les documents en sa possession. Conformément aux dispositions de l'article 8 du code de procédure pénale , modifié par la loi n° 2017-242 du 27 février 2017 portant réforme de la prescription en matière pénale, l'action publique des délits se prescrit par six années révolues.

Le point de départ du délai de six ans se situe à la date de la consommation du délit, c'est-à-dire :

- à la date du remboursement (date d'ordonnancement) ;
- au jour du dépôt de la déclaration de taxes sur la valeur ajoutée si le remboursement a lieu par imputation ;
- et, dans l'hypothèse de la simple tentative, à la réception de la demande de remboursement.

Enfin, l'information du parquet par un signalement, plutôt que par une plainte, permet de mettre en mouvement très rapidement l'action publique et peut donc constituer une première réponse pour faire cesser au plus vite certaines formes de fraude.

B. Action en réparation des préjudices subis par l'État

L'action en réparation du préjudice subi par l'État du chef du délit d'escroquerie se fonde sur les dispositions qui régissent le droit commun de responsabilité et non pas sur les dispositions autorisant l'Administration douanière à se constituer partie civile sur ses propres plaintes pour venir au soutien de l'accusation. La constitution de partie civile est alors faite au nom de l'État et des dommages-intérêts peuvent être réclamés au tribunal par voie de conclusions, quelle que soit par ailleurs la situation du recouvrement des rappels de taxe effectués par le service après découverte de l'escroquerie.

Il est en effet de jurisprudence constante que « les juges du fond ne sauraient rejeter les demandes de l'État fondées sur le préjudice causé au Trésor par un délit d'escroquerie au seul motif que les prévenus peuvent se voir réclamer par les voies propres à l'Administration douanière, la réparation du préjudice résultant du délit de soustraction frauduleuse à l'établissement ou au paiement de l'impôt »[68].

Cela étant, le montant des dommages et intérêts à allouer en réparation du préjudice causé par le délit relève de l'appréciation souveraine des dommages et intérêts à allouer en réparation du préjudice causé par le délit relève de l'appréciation souveraine des juges du fond, selon les

[68] (Cass. crim., arrêt du 19 juin 1978, n° 73-92.900).

circonstances de chaque espèce et dans les limites des conclusions des parties civiles[69].

Section IV. Sanctions aux infractions douanières

La douane est un secteur capital et sensible dans la vie de la nation. Ce domaine comme celui de la fiscalité en général est soumis aux prérogatives exorbitantes de droit public. L'État s'arroge des pouvoirs très étendus pour s'assurer des moyens financiers de sa politique.

Pour ce faire, la douane est appelée à un fonctionnement régulier de manière à recouvrer les droits du Trésor conformément à la loi. À cet effet, l'État organise et prévoit des sanctions pénales et administratives à l'encontre de ceux qui violent ou tentent de violer la loi douanière.

On retrouve en matière de sanctions le souci d'efficacité et de dissuasion qui caractérise le contentieux douanier. Même si l'amende reste le mode de sanction privilégié du droit répressif douanier, celui-ci utilise également l'emprisonnement et le recours aux sanctions réelles telles que la confiscation[70].

Leur classification échappe aux critères traditionnels de la matière pénale et le débat sur la nature fiscale, pénale ou mixte ou sui generis de la sanction douanière perdure. Les relations entre l'Administration douanière et l'autorité judiciaire ont longtemps été empreintes de méfiance qui se traduisait par la limitation des pouvoirs des juges, dont il en subsiste encore des traces dans le pouvoir

---

[69] (Cass. crim., 19 juin 1978, n° 73-92.900 et Cass. crim., arrêt du 15 novembre 1989, n° 88-82343).

[70] Rozenn CREN, *op cit*, p. 277.

d'appréciation laissé au juge répressif pour la fixation de la sanction douanière.

L'exécution de la sanction douanière et particulièrement le recouvrement des sanctions pécuniaires, s'inspirant des principes du recouvrement existant en matière fiscale, témoigne également de l'originalité de la matière douanière. Les peines applicables en matière d'infractions douanières[71] sont :

- La servitude pénale ;
- L'amende et
- La confiscation spéciale.

Pour mieux comprendre la nature et l'application de ces sanctions douanières, nous les classons d'après le mal qu'elles infligent. Sauf dispositions contraires du présent code, les règles de compétence et de procédure applicables en matière d'infractions douanières sont celles prévues respectivement par le code de l'organisation et de la compétence judiciaires et par le code de procédure pénale[72].

§1. Les peines privatives de liberté (servitude pénale)

Comme peine privative de liberté, la peine de servitude pénale mérite d'être mentionnée. Cela d'autant plus que les travaux forcés, bien qu'étant également privatifs de liberté, ne sont pas d'application en matière douanière. De toutes ces peines, seule la servitude pénale peut être pratiquée en matière douanière.

La servitude pénale est une peine de droit commun. Même en matières douanière et fiscale, elle a les mêmes caractères qu'en droit commun. Elle ne peut être requise

[71] Article 383 du code des douanes.
[72] Article 372 du code des douanes.

que par le ministère public et infligée par les juges. L'Administration douanière n'a pas qualité pour interjeter appel d'un jugement qui refuserait d'appliquer une peine de servitude pénale ou qui appliquerait une peine inférieure au minimum prévu par la loi.

Dans une certaine mesure, au sens de l'article 42 du code pénal congolais, dans le cadre de la condamnation conditionnelle, la peine de servitude pénale est bel et bien prononcée. Ce qui est conditionnel, c'est l'exécution de la peine. C'est une faveur que le juge accorde. L'octroi du sursis ou condamnation conditionnelle soit être motivé par le juge.

Sauf disposition contraire de la loi douanière, la condamnation conditionnelle peut être prononcée. Le condamné qui a commis une nouvelle infraction avant l'expiration de la période de sursis est déchu du bénéfice du sursis, même si la condamnation nouvelle n'a été prononcée qu'après l'expiration du délai fixé par le premier jugement de condamnation. L'exécution des peines d'emprisonnement est assurée par le parquet et non par l'Administration douanière.

Le ministre de la Justice peut libérer conditionnellement le condamné qui donne des gages d'amendement. L'administration des douanes et d'accises n'intervient en aucune façon ; pas même à titre consultatif dans les décisions de l'espèce. Le condamné libéré conditionnellement est censé continuer à purger sa peine en liberté. Il est à noter que la peine des travaux forcés n'est donc pas douanière.

§2. Les sanctions patrimoniales de nature fiscale

Le code des douanes n'a pas précisé la nature des amendes encourues par les auteurs d'infractions douanières. Par ailleurs, la confiscation, qui consiste en un transfert de propriété au profit de l'État des objets de fraude et des biens utilisés pour la commission de l'infraction saisis par l'administration, revêt une importance capitale en droit douanier.

Ces peines consistent en l'amende et en la confiscation. La confiscation, telle qu'organisée et définie par le législateur peut être générale ou spéciale.

1. La peine d'amende douanière

L'originalité de l'amende douanière, peine privilégiée du droit répressif douanier[73], outre le débat concernant sa nature (a), réside dans le fait que son montant, fixe ou proportionnel, peut ne pas dépendre de l'atteinte causée à l'ordre public mais de la valeur de la marchandise en cause (b). Les règles relatives à son mode d'exécution, son régime juridique donne également à l'amende douanière une physionomie atypique (c).

A. La nature et le régime juridique de l'amende douanière

Pour la jurisprudence, l'amende douanière présente le double caractère de réparation civile et de sanction pénale. Elle a une nature mixte relevant à la fois de la peine et de la réparation civile. Elle présente au caractère indemnitaire de l'amende douanière, simple réparation du préjudice subi par le trésor public.

Cependant, une telle conception trouvait sa limite dans le fait que subsistait à côté du versement de l'amende, la condamnation aux paiements des droits et taxes éludés, censés indemniser le trésor public de ce qui lui était normalement dû.

---

[73] Rozenn CREN, *op.cit.*, p. 279.

Les peines d'amende restent d'ailleurs encourues même si l'infraction douanière n'a causé aucun préjudice au trésor public, dans les cas notamment où les marchandises objets d'une fausse déclaration ne sont pas taxées. Cette double nature originelle de l'amende douanière se traduit par un régime juridique relevant tantôt de l'idée de répression, tantôt de celle de réparation.

Par dérogation aux règles applicables à la matière des sanctions pénales de droit commun, en droit douanier, chaque infraction ne donne lieu qu'au prononcé d'une amende unique, quel que soit le nombre de participants à la commission de l'infraction. Il en va différemment lorsque l'amende douanière perd tout à fait son caractère réparateur.

Par exemple, lorsque l'amende sanctionne une opposition à fonctions ou un refus d'obtempérer aux sommations des agents des douanes, ce qui explique qu'il soit dans ces cas, prononcé par le juge pénal autant d'amendes qu'il y a d'auteurs de ces actes d'opposition aux fonctionnaires des douanes. Bien évidemment la règle dérogatoire ne trouve pas à s'appliquer si une personne est poursuivie du chef de plusieurs infractions douanières ou d'une infraction douanière et d'une infraction pénale : dans ce cas, les amendes sont prononcées cumulativement[74].

Une autre particularité du régime de l'amende douanière par rapport aux amendes pénales se retrouve dans l'application du principe de la rétroactivité *in mitius*, puisque la jurisprudence a estimé que quelles que soient les modifications apportées au tarif de l'amende, elle retient celui en vigueur au jour de la commission de l'infraction.

---

[74] Rozenn CREN, *op cit.*, p. 280.

Par contre, en raison du principe de personnalité des peines, l'amende, contrairement à la confiscation, ne peut être réclamée aux héritiers de l'auteur de l'infraction douanière décédé avant une condamnation définitive. En revanche reste à leur charge la condamnation au paiement des droits et taxes. Ainsi, l'arrêt énonce que « si les amendes douanières sont des peines de nature spéciale, elles n'ont cependant pas le caractère d'indemnité et l'action publique s'éteint avec le décès du prévenu ».

Par contre, une nuance peut être apportée puisque si l'amende douanière suit dans son prononcé le régime d'une sanction pénale, en ce qui concerne son recouvrement, les amendes « se prescriraient dans les mêmes conditions que les dommages et intérêts », c'est-à-dire comme une créance civile de nature indemnitaire.

Le caractère mixte des amendes douanières n'est plus à démontrer, avec les nombreuses conséquences qu'elle emporte, puisque leur nature partiellement réparatrice en permet le cumul, les règles de prescription sont dérogatoires, les actes interruptifs de prescription sont ceux du droit civil et le mode d'exécution des sanctions reste particulier.

B. Le caractère mixte de l'amende fiscale

L'amende fiscale a un caractère mixte. Elle est à la fois une peine et une réparation. Elle a un caractère pénal du fait de la transgression des dispositions fiscales. Le contrevenant a privé l'État de ses ressources. Elle a un caractère de réparation civile du fait du préjudice subi par le Trésor public[75].

---

[75] BONYI CISUNGU, *op cit*, p.243.

En tant que peine, elle ne peut être appliquée si le délinquant décède avant d'avoir été condamné définitivement ou d'avoir souscrit un acte d'arrangement. Elle peut être remise ou réduite. Sauf dans le cas où il y a eu interruption de la prescription, la peine de servitude pénale subsidiaire ne peut être réclamé après cinq ans à compter du jour de la condamnation ou du jour où celle-ci est devenue définitive.

L'amende est aussi une réparation du préjudice causé à l'État par la fraude. En raison de ce caractère, elle constitue dans le chef de l'Administration douanière une créance dont le recouvrement peut être poursuivi pendant trente années par les voies civiles contre le condamné et éventuellement contre ses héritiers.

Aussi longtemps qu'une peine de servitude pénale subsidiaire n'est pas prescrite, l'administration douanière a donc le choix entre l'application de cette peine au condamné qui n'acquitte pas l'amende et l'exécution forcée de la condamnation sur les biens du débiteur.

L'exécution forcée de la condamnation est le seul moyen auquel l'administration douanière puisse recourir après la prescription d'une peine de servitude pénale. Celui-ci n'est pas applicable aux héritiers du condamné.

En matière d'amende, les taux prévus varient du triple à trente fois les droits qui devraient être perçus. Le législateur s'est montré intransigeant. Mais, la comptabilité douanière n'a presque pas enregistré une application rigoureuse des taux les plus élevés de ces pénalités[76].

[76] UMBA-DI-NDANGI, *op. cit.*, p. 323.

C'est presque toujours aux taux les plus bas que ces pénalités sont appliquées chaque fois que la perpétration de ces infractions a été découverte et constatée régulièrement par l'administration des douanes et accises.

Bien que ces taux élevés aient été institués pour dissuader les fraudeurs, il nous semble qu'ils sont de nature à décourager les investissements et appellent d'eux-mêmes leur révision dans les proportions les plus adaptées. Cette révision est d'autant plus nécessaire que les conjonctures socio -politico-économiques traversés depuis l'indépendance jusqu'à nos jours n'ont pas rendu plus opportune l'application des taux aussi élevés.

En plus, le pouvoir discrétionnaire du responsable national de la douane en matière de transaction n'a pas favorisé de telles applications. Ce pouvoir discrétionnaire anachronique érige la relance et la protection de l'économie nationale sur l'arbitrage de l'autorité douanière ; ce qu'il faut changer au plus tôt.

C. L'application de la peine d'amende aux condamnés

Parce qu'elle constitue des dommages-intérêts, l'amende n'est pas appliquée à chacun des délinquants condamnés du chef d'une même infraction. Elle est due une seule fois solidairement par tous les condamnées. Quand l'un des condamnés se trouve en état de récidive, ce qui entraîne à son égard le double de l'amende, la solidarité ne s'applique qu'à concurrence de l'amende simple.

La grâce accordée à l'un des délinquants ne bénéficie pas aux autres, mais si le premier obtient remise ou réduction de l'amende, les autres ne sont plus tenus qu'au paiement solidaire de la dette, déduction faite de la part du premier[77]. Quand un délinquant a souscrit une transaction et a versé une partie des pénalités pécuniaires encourues, l'administration ne peut postuler contre les coauteurs et complices que le paiement du reliquat[78].

Pour les motifs indiqués ci-dessus, les héritiers sont obligés au paiement de l'amende encore due par le condamné décédé et l'amende peut, par application du Code civil, être réclamée à des tiers responsables (le patron pour son employé, le père pour son fils mineur habitant avec lui) quand le condamné ne la paie pas.

2. La peine de confiscation en droit douanier

La confiscation consiste dans l'attribution à l'État des biens appartenant ou non à l'auteur d'une infraction douanière, mais utilisé par lui pour commettre l'infraction après leur saisie par l'administration. Elle peut être prononcée à titre de peine principale ou complémentaire[79].

La saisie est une simple mesure conservatoire. Elle est l'exercice du droit accordé par la loi aux agents de la douane de s'emparer des marchandises fraudées ou utilisées pour cacher les objets fraudés et des moyens employés à les transporter, ou encore d'ustensiles ayant servi à commettre certaines infractions.

La confiscation est une possession définitive. Elle est prononcée par le tribunal contre le condamné au profit de l'administration ou résulte directement des dispositions légales. La propriété des objets est transférée à l'Administration douanière avec effet rétroactif au jour de l'infraction sauf à l'égard du détenteur de bonne foi envers qui la confiscation n'a d'effet qu'à partir de l'acte

[77] Cass. 18 septembre 1941, I. 344, RJ.443/444.
[78] Bruxelles, 4 mai 1907, RS.III, p. 248.
[79] Rozenn CREN, *op cit.*, p. 284

introductif de la poursuite. La créance de l'État naît dès l'instant où la confiscation peut s'opérer légalement.

La confiscation est prononcée « *in re* ». C'est-à-dire qu'elle vise un objet bien déterminé en quelque main qu'il se trouve au jour du jugement et sans égard pour la circonstance que le fraudeur n'en serait pas ou n'en serait plus propriétaire ou possesseur. Il est de jurisprudence en Belgique qu'à défaut de produire l'objet confisqué le détenteur qui, par son fait, manque à son obligation en doit payer la valeur à l'administration.

À la fois peine et mesure de sûreté, qui lui donne une nature particulière (i), la confiscation puise son efficacité dans l'étendue de son champ d'application (ii). Son régime juridique (iii) en reflète également la double nature.

A. La nature de la confiscation douanière

Le droit pénal distingue la confiscation générale, qui porte sur l'ensemble du patrimoine du délinquant, qui existe notamment en matière d'infractions à la législation sur les stupéfiants ou plus généralement désormais en matière de criminalité organisée et la confiscation spéciale, limitée au corps du délit.

La confiscation douanière emprunte à ces deux notions puisqu'elle ne s'étend pas simplement à l'objet de la fraude sans toutefois porter sur l'ensemble du patrimoine, sauf s'il a une origine frauduleuse.

Elle est considérée par la doctrine comme une sanction pénale, une mesure de sûreté et une réparation au trésor public en particulier en fonction de l'objet sur lequel elle porte : corps du délit, instrument ayant servi à commettre l'infraction ou confiscation par équivalent, ou au regard de sa fonction : garantir le paiement des sommes dues au Trésor public ou obtenir la disparition de l'objet de la fraude considéré comme dangereux ou contraire à l'ordre public.

Peine dissuasive qui procure des ressources à l'État, la confiscation frappe le délinquant « par là où il a fauté ». Le Code pénal prévoit une confiscation spéciale qui a pour objet le corps du délit. La confiscation porte sur « la chose qui a servi ou était destinée à commettre l'infraction ou sur la chose qui en est le produit, à l'exception des objets susceptibles de restitution... ».

Elle se présente en droit pénal comme une mesure de réparation, qui peut cependant être ordonnée même si les objets appartiennent à des tiers. En matière douanière, comme plus généralement en matière fiscale, la jurisprudence fait de la confiscation une sanction ayant le caractère d'une réparation du préjudice occasionné au Trésor, indépendamment de toute autre sanction prononcée et notamment de l'amende.

Elle a les caractéristiques d'une réparation civile frappant l'objet du délit, sans qu'il soit nécessaire qu'il s'agisse d'une chose prohibée. À ce titre, elle peut donc être prononcée malgré le décès du contrevenant si la saisie a été faite de son vivant et même en cas de loi d'amnistie. La loi douanière permet également à l'administration douanière de demander au juge le prononcé d'une condamnation au paiement correspondant à la valeur de l'objet susceptible de confiscation, qu'il ait pu ou non être saisi.

Mais hors de ces hypothèses fiscales ou douanières, « où la confiscation présente un caractère hybride, car elle vise à punir comme à réparer », le droit pénal fait une stricte application de cette sanction au regard du principe de légalité. Il pouvait s'agir du corps du délit s'il appartenait au condamné, ou bien des choses produit de l'infraction ou ayant servi à la commettre.

Les juges ne pouvaient prononcer la confiscation quand bien même il n'était pas la propriété du délinquant. Désormais, contrairement à la matière douanière, le Code pénal ne prévoit la confiscation que des seuls objets qui sont la propriété du condamné. Se trouve ainsi écartée la jurisprudence qui autorisait la confiscation du produit ou de l'instrument du délit appartenant à un tiers, en méconnaissance du principe de la personnalité des peines.

B. Objet de la confiscation douanière

La confiscation peut porter sur les marchandises de fraude, sur les moyens de transport ou encore sur les marchandises ayant servi à masquer la fraude.

- La confiscation de l'objet de fraude

Les marchandises de fraude sont celles qui font l'objet de l'infraction considérée. La Cour de cassation française80 estime ainsi que sont des marchandises « les objets destinés à être vendus, quelque minime que puisse être leur valeur réelle », ou encore « l'universalité des choses susceptibles d'appropriation individuelle ou de transmission et ce quelle que soit leur origine, y compris les produits étrangers, quel que soit leur usage.

- La confiscation des moyens de transport

En plus de l'objet de la fraude douanière stricto sensu, la confiscation peut porter sur le moyen de transport utilisé pour faciliter la commission de l'infraction afin de garantir plus largement le règlement dû au Trésor public[81].

---

[80] Cass. crim. 24 juin 1948 décision citée par MM. Berr et Trémeau, « Le droit douanier communautaire et national », Economica, 6e éd. P 495, n° 919.

[81] Rozenn CREN, *op cit.*, p. 288.

Ce qui est remarquable est que cette règle s'applique, que le moyen de transport appartienne à l'auteur de l'infraction, à son complice ou à un intéressé à la fraude, mais également à une personne totalement étrangère à l'infraction, qui n'en a pas connaissance, ni intention de s'y associer ou d'en tirer un profit quelconque, par exemple dans le cas fréquent où il s'agit d'un véhicule prêté ou loué de bonne foi.

Ce qui semble contraire au principe de responsabilité pénale personnelle puisque le véritable propriétaire de bonne foi du moyen de transport se trouve sanctionné, sans toutefois déclaration de culpabilité, alors qu'il ignorait la commission de l'infraction et sans qu'aucune intention coupable ne puisse être caractérisée.

En l'absence de toute précision légale, cette notion de moyen de transport est définie par la jurisprudence, qui en a une conception étendue. En effet, la jurisprudence ne tient pas compte de la nature même du moyen de transport à condition qu'il ait servi au transport de la marchandise : navires, avions, camions, automobiles, mais aussi valises, sacs... ou encore un véhicule affecté au transport en commun.

En cas de pluralité de moyens de transport, ils sont tous confiscables. La jurisprudence va même plus loin puisqu'elle qualifie de moyen de transport, non seulement celui qui a servi d'une manière quelconque au déplacement de l'objet de fraude, mais encore le véhicule accompagnant le moyen de transport de la marchandise frauduleuse[82].

Les agents des douanes ont dans le cadre de la constatation d'une infraction flagrante, la possibilité de retenir en garantie du paiement des pénalités, les moyens de transport et les marchandises litigieuses non passibles

82 Rozenn CREN, *op.cit.*, p. 288.

de confiscation, jusqu'à ce qu'il soit déposé une caution ou versé une consignation du montant des pénalités encourues.

- La confiscation des objets servant à masquer la fraude.

Par souci de garantir les droits du trésor public, la confiscation peut également porter sur des marchandises servant à dissimuler les marchandises de fraude. Ce sont tous les cas où la marchandise non déclarée ou prohibée sera dissimulée au milieu d'un chargement de nature anodine : fruits et légumes, bouteilles d'eau...

Mais compte tenu du fait que la confiscation de l'intégralité d'un chargement peut porter préjudice à des personnes n'ayant pas joué de rôle conscient dans l'entreprise de fraude, le législateur a prévu une confiscation par équivalent. Elle consiste dans le paiement d'une somme « tenant lieu de confiscation » qui est égale en valeur à celle représentée par les objets susceptibles d'être confisqués.

La confiscation par équivalent est prononcée par la juridiction soit lorsque la douane n'a pas pu saisir les objets susceptibles de confiscation, soit lorsqu'elle en fait la demande à la juridiction afin de restituer la marchandise saisie, dans l'hypothèse où elle ne fait pas partie.

- La saisie et la confiscation des avoirs en matière pénale

Cette mesure est ainsi étendue aux délits douaniers, aux délits commis en matière de contributions indirectes et de relations financières avec l'étranger. Mais les agents des douanes ne peuvent procéder à une telle saisie que dans le cadre d'une visite domiciliaire autorisée par le juge des libertés et de la détention.

La confiscation, au regard de son champ, vise donc bien plus l'appropriation par l'administration d'un objet de nature à garantir le paiement des sommes dues au trésor public que la sanction de l'auteur même de l'infraction, ce qui explique qu'elle puisse concerner des tiers de bonne foi.

La confiscation peut être faite en nature, c'est-à-dire porter sur l'objet même de la fraude, ou par équivalent en valeur. Lorsque les marchandises de fraude sont, par exemple, prohibées ou périssables ou que leur valeur est difficile à évaluer, l'administration des douanes peut demander la confiscation par équivalent.

C. Les confiscations sans jugements

La confiscation ne requiert pas toujours une décision judiciaire ; dans certains cas, elle s'opère par le simple effet de la loi douanière.

Toute saisie de marchandises à charge d'inconnus sera valable sans jugement si, dans un délai de trente jours à partir de la clôture du procès-verbal, le propriétaire des marchandises ne les a pas revendiquées par lettre adressée au directeur des douanes et accises de la province où la saisie a eu lieu.

Seront de même valables sans jugement, les saisies régulièrement faites à charge des personnes connues au regard d'une certaine valeur de la marchandise et pourvu que l'Administration douanière ne réclame pas contre le propriétaire de la marchandise l'application d'une peine d'emprisonnement.

D. Les effets de la confiscation douanière

La marchandise, dont la confiscation a été prononcée par une juridiction pénale ou civile, appartient à l'Administration douanière. Elle exerce tous les droits que lui confère la propriété de la chose lorsque la décision est passée en force de chose jugée ou en cas de jugement par défaut lorsque l'exécution provisoire en a été ordonnée ou après ratification de l'abandon consenti par la voie transactionnelle.

§3. Les sanctions administratives

La fermeture d'établissements, d'exploitations industrielles ou commerciales et les démolitions de constructions relèvent des prérogatives de l'administration douanière. La fermeture d'établissements, usines ou débits ou la démolition de constructions.

Toutes actions qui tendent à l'application d'amendes, de confiscation ou la fermeture de fabriques ou usines sont intentées et poursuivies par l'Administration douanière ou en son nom devant les tribunaux. En principe, les tribunaux ne se prononcent, en tout cas, sur ces affaires qu'après avoir entendu les conclusions du ministère public.

Après la mort du contrevenant, il ne peut plus être statué sur la peine et l'amende fiscale. Mais la confiscation visant le produit du délit, sanction à caractère réel et l'action civile survivent à l'extinction de l'action[83].

L'Administration douanière peut également prononcer des mesures privatives de droits administratifs. Les sanctions administratives consistent en un retrait, laissé à la décision de l'administration des douanes, de régimes douaniers privilégiés qui avaient été accordés par l'administration dans le but d'alléger les formalités douanières d'une personne.

---

[83] Article 14 du code de procédure pénale congolais.

En particulier, la privation des régimes de facilitation douanière que sont le transit, l'entrepôt douanier, l'admission temporaire et l'octroi d'un crédit de droits de douane peut être prononcée à l'encontre d'une personne dont l'abus d'un régime suspensif de droits de douane a été constaté par une décision judiciaire[84].

Il s'agit tout simplement d'exclure d'un régime douanier de faveur les personnes qui ne s'en sont pas montrées dignes en détournant ces procédures douanières allégées, suspensives du paiement des droits de douane, pour commettre une infraction douanière. Par ailleurs, au titre des interdictions professionnelles, l'Administration douanière peut retirer l'agrément d'un commissionnaire en douane, qui aurait commis une infraction à la législation douanière ou fiscale ou simplement contrevenu aux usages de la profession.

§4. La prescription des infractions douanières

1. La prescription des infractions ordinaires

A. Notion de prescription de droit commun

Les infractions fiscales dérogent au droit commun de la prescription prévue aux articles 24 à 26 du Code pénal. Le principe demeure identique car du chef d'une infraction fiscale, une personne ne peut plus être inquiétée après un certain délai sans qu'un acte interruptif de la prescription soit intervenu. Seul le délai diffère.

Nous semble-t-il qu'il est admis en droit que l'action publique expire après un laps de temps bien déterminé par une prescription d'ordre public que l'autorité judiciaire, qui en est saisie, doit soulever d'office.

---

[84] Rozenn CREN, *op cit.,* p. 298.

À cet effet, l'article 24 du Code pénal[85] prévoit : l'action publique résultant d'une infraction sera prescrite :

- Après un an révolu, si l'infraction n'est punie que d'une peine d'amende ou si le maximum de la servitude pénale applicable ne dépasse pas une année ;
- Après trois ans révolus, si le maximum de la servitude pénale applicable ne dépasse pas cinq ans ;
- Après dix ans révolus, si l'infraction peut entraîner plus de cinq années de servitude pénale ou la peine de mort.

Dès que la prescription est acquise, l'action publique ne peut plus être exercée. La prescription est d'ordre public et il n'y peut être renoncé par l'intéressé. La prescription peut néanmoins être interrompue par un acte d'instruction ou de poursuite par exemple, les mandats de comparution, d'arrêt et d'amener du prévenu, le jugement, etc.

Partant des articles 27 à 29 du Code pénal, les peines se prescrivent en :

- Deux ou quatre années révolues selon l'importance de l'amende ;
- Délai double de la peine prononcée pour les peines de servitude pénale de deux ans ou moins, sans que ce délai puisse être inférieur à deux ans.

Le seul cas d'interruption des peines prévu est l'arrestation du condamné (article 33 du Code pénal).

Cela étant, notons que la prescription est fondée sur le fait qu'après l'écoulement d'un certain temps, l'infraction est réputée oubliée et en pareilles circonstances, l'action publique ne peut être reçue, la raison d'être de la répression, nous précisons, l'intérêt social qui, après un espace de temps plus ou moins long, dicte la renonciation

[85] Article 24 du code pénal congolais.

à des poursuites qui sont devenues, dit-on, inutiles pour l'ordre public.

La peine comme sanction du trouble social causé par l'infraction a un double but :

- Répressif, en tant qu'elle vise à punir le délinquant ;
- Dissuasif, par l'intention d'impressionner, de dissuader ceux qui seraient tentés de commettre la même infraction et le souci de montrer à tous que la loi ne peut être transgressée impunément.

Quand le coupable a échappé pendant un certain délai aux recherches de la justice ou lorsque le condamné est parvenu à se soustraire pendant un temps plus ou moins long à l'exécution de la peine prononcée contre lui, l'intérêt social n'exige plus impérieusement son châtiment. La loi ordonne de ne plus l'inquiéter. On dit alors que l'infraction ou la peine est prescrite.

En règle générale tirée des articles 24 à 26 du Code pénal, la prescription de l'action publique est acquise en :

- Un an, si l'infraction est punie d'une simple peine d'amende ou d'une peine de servitude pénale d'un an au maximum ;
- Trois ans, si l'infraction est punie d'une servitude pénale de cinq ans au maximum ;
- Dix ans, si l'infraction est punie d'une servitude pénale dépassant cinq années ou de la peine de mort.

Dès que la prescription est acquise, l'action publique ne peut plus être exercée. La prescription est d'ordre public et il n'y peut être renoncé par l'intéressé. La prescription peut néanmoins être interrompue par un acte d'instruction ou de poursuite par exemple, les mandats de comparution, d'arrêt et d'amener du prévenu, le jugement...

Partant des articles 27 à 29 du Code pénal, les peines se prescrivent en :

- Deux ou quatre années révolues selon l'importance de l'amende ;
- Délai double de la peine prononcée pour les peines de servitude pénale de deux ans ou moins, sans que ce délai puisse être inférieur à deux ans.

Le seul cas d'interruption des peines prévu est l'arrestation du condamné (art. 33 du Code pénal).

B. La prescription des infractions douanières et fiscales

Les infractions fiscales en général et douanières en particulier dérogent au droit commun de la prescription prévue aux articles 24 à 26 du Code pénal. Le principe demeure identique car du chef d'une infraction fiscale, une personne ne peut plus être inquiétée après un certain délai sans qu'un acte interruptif de la prescription soit intervenu. Seul le délai diffère. Le siège de la prescription des infractions douanières est, d'une part, l'article 369 du code de douanes. La prescription est de trois et six ans.

L'action en recouvrement total ou partiel des droits dus sur les marchandises régulièrement déclarées est prescrite après trois années à partir de la date de la déclaration. Toutefois, la prescription est acquise irrévocablement si l'action ainsi entamée est interrompue pendant une année, sans introduction d'instance devant les tribunaux, quand bien même le délai initial de trois ans ne serait pas expiré (article 35 du même décret).

La récupération des droits et amendes afférents aux marchandises fraudées (non déclarées) ou irrégulièrement déclarées est prescrite après six ans[86]. L'action publique portant sur les infractions aux droits de consommation et régime des boissons alcooliques, se prescrit après six ans révolus à compter du jour où l'infraction a été commise (article 30 de l'ordonnance-loi n° 68-010 du 6 janvier 1968).

S'agissant des infractions continues, en l'occurrence la détention irrégulière de marchandises, la prescription commence à courir à partir de la fin de l'acte délictueux.[87]. Toutefois, si une collusion a existé entre l'importateur et le vérificateur pour l'admission d'une déclaration délictueuse, il faut conclure à l'existence d'une importation frauduleuse, la déclaration volontairement inexacte devant être tenue pour non-avenue.

La prescription ne sera acquise qu'après trois ans à compter du jour où la marchandise a cessé d'être sous la surveillance de la douane.

C. L'interruption de la prescription des infractions douanières

La prescription des infractions douanières peut être interrompue. La rédaction d'un procès-verbal régulier ou une demande d'instruction judiciaire adressée au parquet interrompt la prescription.

Par contre, l'invitation à souscrire une transaction sous menace de poursuites judiciaires adressée au délinquant

[86] Articles 36 du décret portant régime douanier et 69 de l'ordonnance - loi n° 68-010 du 6 janvier 1968 portant règlement d'exécution du régime douanier.

[87] Article 3. A.R. du 22 aout 1934, R. 3673, tiré du Guide sommaire des agents de l'Administration des douanes et accises en matière contentieuse, Bruxelles, 1959, p. 25.

par le fonctionnaire compétent pour exercer l'action publique n'est pas reconnue comme interruptive de la prescription. Cette invitation, en effet, ne peut être considérée comme un acte d'instruction ou de poursuite[88] car elle n'est pas un acte judiciaire impliquant l'exercice de l'action publique.

Par contre, nous estimons, au regard des pouvoirs étendus de l'administration douanière, que des actes administratifs de la douane peuvent interrompre la prescription.

D'aucuns prétextent la nature de la transaction douanière qu'ils n'hésitent pas à qualifier de jugement douanier pour justifier leur avis. Pour notre part, la décision transactionnelle, la mise en demeure de payer les montants sous transaction, la sommation à payer le montant convenu, la suspension du commissionnaire en douane ainsi que le scellement des magasins, peuvent être considérés à bon droit comme des actes interruptifs de la prescription. Nous le justifions par le fait qu'il y a là déjà des actes notoires d'instruction ou de poursuite.

§5. Répartition du produit des amendes douanières

Le produit des amendes est affecté à concurrence de 40 % au profit du Trésor public. Le solde est affecté à raison de [89]:

- 50 % à l'équipement de la douane, au renforcement des moyens de contrôle, de recherche et de répression de la fraude ;

---

[88] E. LAMY, op. cit., p. 494.

[89] Article 400 du code des douanes.

- 50 % à la rétribution des personnes ayant participé à la découverte, à la constatation et à la répression de l'infraction douanière.

Chapitre II

Contentieux douaniers congolais

Le contentieux douanier est l'ensemble des règles relatives à la naissance, au déroulement et à la conclusion des litiges ayant pour objet, l'interprétation et l'application du droit douanier[90]. En d'autres termes, tous les litiges nés à l'occasion ou au cours du fonctionnement du service des douanes et dont la résolution est soumise aux règles et procédures spécialement aménagées par le code des douanes.

Section I. Types de contentieux douaniers

Les litiges douaniers peuvent relever soit du contentieux administratif soit répressif.

§1. Le contentieux douanier administratif

Le contentieux douanier est administratif dès lorsqu'il concerne le recouvrement des droits et taxes et autres créances par l'Administration douanière. Ce contentieux doit subir au préalable une procédure administrative avant l'ouverture d'une action judiciaire devant les juridictions de l'ordre administratif.

Ce contentieux étant à la fois administratif et civil comprend :

- Le contentieux du recouvrement concernant l'exécution forcée à l'encontre du redevable des créances de

[90] Comprendre et maîtriser le contentieux douanier – Gicam, disponible sur https://www.legicam.cm › index.php, consulté le 07 janvier 2024 à 11 h 30'.

l'Administration des douanes et impôts indirects et des autres créances dont le recouvrement incombe à l'Administration douanière. Il comprend également tout contentieux découlant des contestations se rapportant à l'assiette et au recouvrement desdites créances.

- Le contentieux relatif aux mesures conservatoires requises par l'Administration douanière auprès des instances judiciaires, avant, pendant ou après le prononcé de la sentence pour la garantie du paiement des pénalités pécuniaires encourues par les délinquants.

Le droit douanier étant un droit spécial, il comporte des dispositions particulières exorbitantes du droit commun. Cette norme n'est cependant pas générale. Dans certains cas, le code lui-même renvoie au droit commun tant au civil qu'au pénal.

Il en est ainsi des matières de la responsabilité civile et pénale, de la preuve des infractions, de la constatation des infractions, des peines, de la poursuite devant les tribunaux civils, répressifs ou administratifs tenant compte de leurs compétences respectives, les voies d'exécution, les mesures conservatoires, etc. En tout état de cause et sauf exceptions expressément prévues par le droit douanier, le droit commun demeure applicable.

§2. Le contentieux douanier répressif

Le contentieux répressif douanier a pour objet la sanction des infractions à la législation et à la réglementation des douanes et impôts indirects (taxe sur la valeur ajoutée, droits de consommation et accises…) et des infractions à toutes les législations et réglementations dont l'Administration douanière des douanes et impôts indirects a la charge d'appliquer à titre principal ou subsidiaire.

Sous ce vocable du contentieux douanier répressif, on englobe toutes les dispositions relatives à la recherche et à la constatation des infractions aux législations et réglementations précitées ainsi que toutes les procédures administratives, judiciaires ou extrajudiciaires, inhérentes au règlement des litiges nés de ces constatations.

Ces litiges qui relèvent du droit pénal sont susceptibles de donner lieu à un règlement soit transactionnel soit judiciaire. Ils peuvent également porter sur le recouvrement des droits et taxes et autres créances que l'Administration est chargée de percevoir et donner lieu, le cas échéant, à une action devant les tribunaux compétents.

Section II. Recherche des infractions douanières

Le rôle des agents des douanes ne se cantonne pas seulement à la recherche et à la saisie des marchandises de fraude mais aussi et surtout à l'établissement de l'infraction et la découverte des délinquants.

Le contrôle des marchandises permet également de contrôler l'expéditeur, le destinataire et le transporteur. Ainsi, bien qu'elle porte traditionnellement sur la marchandise, l'activité de surveillance et de contrôle s'est étendue aux opérations commerciales, la conciliation de la liberté de circulation et de la protection du territoire et des intérêts communautaires ne pouvant que favoriser le recours à des formes de contrôle a posteriori[91].

La marchandise représente la pierre angulaire du droit douanier et c'est historiquement autour d'elle que s'articule toute la réglementation. Pendant longtemps, l'infraction douanière ne pouvait être que flagrante et la marchandise

---

[91] Rozenn CREN, *Poursuites et sanctions en droit pénal douanier*, Thèse de doctorat, Université Panthéon-Assas, 2011, p. 30.

constituait seule la preuve de cette infraction. Il était donc indispensable que les douaniers disposent pour celle-ci d'un droit d'accès particulièrement étendu.

Si cette visite des marchandises s'effectuait prioritairement au bureau lors du passage frontière, le dispositif a ensuite été complété par la reconnaissance d'un droit d'accès aux locaux pouvant contenir des marchandises. Pour cela, l'administration des douanes a donc également le pouvoir de visiter les lieux professionnels ou privés qu'elle soupçonne d'abriter des marchandises ou des documents de fraude.

Dans ce cas, il s'agit d'atteintes au droit de propriété et à la protection du domicile strictement encadrés par le législateur. S'ils doivent pouvoir pénétrer dans les lieux privés, les agents des douanes doivent aussi pouvoir procéder à la capture des auteurs d'une infraction douanière sans mandat d'amener ni de perquisition. Ainsi, les pouvoirs de contrainte sur les personnes sont nés de la pratique pour la recherche des infractions douanières.

§1. Les pouvoirs généraux de contrôle des agents des douanes

L'Administration douanière, « police des marchandises » possède des pouvoirs généraux de visite des marchandises, des moyens de transport, mais également des personnes. Ils s'exercent lorsque les marchandises sont présentées dans les locaux de la douane afin de procéder aux formalités de dédouanement. Le lieu traditionnel d'exercice de cette mission de surveillance des marchandises faisant l'objet du commerce international reste le bureau de douane.

C'est l'évitement de ce lieu et des formalités qui sera sanctionné et qualifié d'acte de contrebande. Mais la douane possède également un pouvoir général de contrôle qui s'exerce sur tout le territoire douanier et non pas simplement au franchissement d'une frontière. Ces pouvoirs de contrôle s'accompagnent également nécessairement de pouvoirs d'appréhender les marchandises.

1. De la Brigade douanière

La Brigade douanière est créée par l'ordonnance 78 - 3026 juillet 1978 et a pour mission d'exercer une surveillance continue sur l'étendue du ressort du bureau dont ils dépendent ; de contribuer à la surveillance générale des frontières et faire des patrouilles[92]. Elle est constituée d'agents chargés notamment de :

1. Rechercher, recueillir et prendre au sujet des infractions tous les renseignements possibles et en donner immédiatement connaissance à leur chef local ;
2. Rendre compte à leur chef local de ce qu'ils remarquent de contraire aux lois, ordonnances-lois, ordonnances, décrets, arrêtés et règlements et plus spécialement des infractions commises en violation de la législation douanière ;
3. Dépister les tentatives de fraude et d'en rechercher les auteurs ;
4. D'empêcher, d'appréhender et conduire devant le chef local du bureau douanier dont ils dépendent tous les individus pris en flagrant délit de fraude ou détenteurs de marchandises qu'ils tentent d'importer ou d'exporter par des voies non autorisées.

[92] Article 2 de l'ordonnance 78 -3026 juillet 1978 portant création de la Brigade douanière.

La brigade douanière, placée sous l'autorité du directeur des douanes et accises, reste la première structure interne de lutte contre la fraude douanière à travers la recherche et constatation des infractions douanières.

- Le contrôle des marchandises présentées pour le dédouanement

Le contrôle des marchandises présentées à la douane afin de procéder aux formalités de dédouanement est évidemment la mission principale de cette administration.

Il s'agit d'un contrôle après acceptation de la déclaration en douane avant d'accorder la mainlevée des marchandises présentées : on parle de vérification des marchandises. Il s'agit de vérifier la conformité de la nature, l'origine, la valeur réelle des marchandises avec celles figurant sur la déclaration en douane. La douane contrôle également le respect de normes techniques, sanitaires…[93].

Cette vérification ne pouvait, en principe, avoir lieu que dans le cadre du bureau de douanes, pendant ses heures d'ouverture. Cependant, à la demande du déclarant en douane et à ses frais, cette vérification peut cependant avoir lieu à d'autres heures et dans d'autres lieux soumis à sujétion douanière. La vérification se fera alors dans les locaux de l'entreprise qui bénéficie d'une procédure de dédouanement domiciliée (entrepôt particulier).

La mise en place des procédures informatisées de dédouanement en RDC dans le souci d'accélérer l'accomplissement des formalités douanières et de ne pas retarder et pénaliser les opérateurs économiques a pour conséquence de généraliser le traitement des déclarations en douane par des procédures domiciliées et de réduire

---

[93] Rozenn CREN, *op.cit*, 2011, p. 32.

considérablement le taux de contrôle des marchandises *ex-ante*, c'est-à-dire avant dédouanement.

La douane a dû ainsi repenser l'ensemble de l'organisation des contrôles tant en termes de structures de contrôles que de méthodes de contrôles, ainsi que l'articulation de la collecte des renseignements, du ciblage des marchandises à contrôler et de l'exécution même des contrôles douaniers.

À l'origine, c'est donc sur des obligations pesant sur les usagers que repose la surveillance des opérations régulières transfrontalières et sur le système de la déclaration spontanée. Le champ d'intervention des agents des douanes n'est toutefois pas limité aux bureaux de douane ou aux lieux sous contrôle douanier. Elle peut même couvrir les activités qui s'étendent sur la voie publique que dans les lieux privés, notamment au sein des entreprises, mais aussi au domicile des personnes.

- Un pouvoir général de contrôle des marchandises, des moyens de transport et des personnes.

Le caractère de la spécialité de la loi pénale interdit aux agents des douanes de mettre en œuvre leurs pouvoirs pour la recherche d'infractions qui ne relèvent pas du droit douanier.

A. L'objet du droit de contrôle général.

La surveillance du service des douanes s'exerce sur l'ensemble du territoire douanier, qui est le territoire national. Elle ne se limite pas au franchissement de la frontière, ni à la surveillance du rayon douanier. L'efficacité de la surveillance des marchandises circulant sur le territoire implique nécessairement la possibilité de procéder à la visite des moyens de transport et des personnes pouvant transporter ces marchandises.

La recherche de la fraude douanière ne se limite pas à la circulation des marchandises à travers les frontières ou sur le territoire. Elle peut s'étendre aussi à la détention des marchandises en contrebande ayant échappé au contrôle en frontière. Il en est également du droit d'injonction au-delà de la simple immobilisation du véhicule quand on demande à tout conducteur d'un véhicule de procéder à l'ouverture de son coffre ou de sa remorque.

Les agents des douanes peuvent à ce titre faire usage de tous engins appropriés pour immobiliser le moyen de transport lorsque le conducteur n'obtempère pas. Le refus de se soumettre aux injonctions des agents des douanes est sanctionné par une contravention douanière. Il faut préciser que ce droit d'injonction ne peut être mis en œuvre que pour la recherche d'une fraude douanière.

L'usage de ce pouvoir a pour objectif de procéder au contrôle des différents documents de bord (les actes de nationalité, le journal de bord, les passeports, les certificats de jauge, les manifestes), des navires se trouvant dans les ports, rades, ou sur les rivières et canaux, y compris les navires de guerre. Les agents des douanes peuvent donc monter à bord de ces navires et y demeurer jusqu'à leur déchargement ou leur départ.

De plus les capitaines et commandants de bord sont tenus d'accompagner les agents des douanes pour, à leur demande, faire ouvrir les écoutilles, les chambres, les armoires du bâtiment ainsi que tous les colis désignés par les agents. Ils peuvent se rendre en tout lieu ouvert à la voie publique.

La notion de voie publique s'entend de tous lieux ouverts à la circulation publique et leurs extensions, c'est-à-dire, outre les voies de circulation, les terrasses de café installées sur la voie publique, non couvertes et comportant un accès direct, les marchés installés sur des lieux ouverts au public, qu'ils soient ou non couverts, les étals de marchandises entreposées dans les passages ouverts au public, les chantiers situés sur la voie publique, les halls et cours de gares ou d'aéroports ouverts à la circulation publique.

Mais, sont exclus de cette notion de voie publique, notamment les débits de boissons, les discothèques, les espaces de vente agencés en boutiques fermées, qui peuvent éventuellement se trouver sur les marchés publics, les foires dès lors qu'elles sont organisées dans des espaces clos avec un guichet d'entrée, les allées des centres commerciaux[94]. Il prévoit, en effet, le droit pour les agents des douanes de procéder à la visite des moyens de transport, des marchandises, et des personnes.

B. Le droit de visite des moyens de transport

Les agents des douanes peuvent aller au-delà du simple contrôle des marchandises transportées jusqu'à la visite d'un véhicule automobile, son coffre mais également son habitacle, les vide-poches et autres « caches naturelles ».

Lors du contrôle d'un ensemble routier, outre les remorques, les agents des douanes peuvent procéder à la visite du véhicule, y compris de la cabine. L'étendue de ce droit de visite des moyens de transport peut s'expliquer par la finalité de ce pouvoir.

Il poursuit en effet un double objectif. Le premier est de vérifier que les obligations déclaratives pesant sur le moyen de transport ont été effectuées et que toutes les taxes pesant sur le véhicule ont été acquittées. Le second objectif est de vérifier que le moyen de transport n'est pas un instrument de fraude.

---

[94] Rozenn CREN, *op.cit*, p. 36.

Les moyens de transport sont des vecteurs d'importation et d'exportation de marchandises non déclarées ou illicites. Le contrôle des moyens de transport a donc pour finalité la découverte de cette marchandise et des cachettes aménagées ou naturelles utilisées.

Lorsqu'il a été fait usage de ces cachettes naturelles ou aménagées pour dissimuler les marchandises de fraude, la saisie du véhicule est d'ailleurs systématique afin de demander sa confiscation par la juridiction répressive. Lorsqu'il n'a pas été fait usage de cachettes aménagées, la saisie du moyen de transport est facultative. La confiscation du moyen de transport est donc une mesure conservatoire, dans l'attente du prononcé de cette confiscation par le magistrat[95].

2. Le droit de visite des marchandises

Les marchandises peuvent être visitées pour s'assurer de la régularité de leur présence sur le territoire douanier national.

Les personnes qui détiennent de telles marchandises doivent à première réquisition des agents des douanes produire soit des documents attestant que ces marchandises ont été introduites sur le territoire douanier en conformité avec les dispositions portant prohibition d'importation ou que ces marchandises peuvent quitter le territoire douanier en conformité avec les dispositions portant prohibition d'exportation, soit toute justification d'origine émanant de personnes ou de sociétés régulièrement établies à l'intérieur du territoire douanier.

---

95 Rozenn CREN, *op cit*, p. 37.

La découverte de ces marchandises résultera le plus souvent de la fouille du véhicule utilisé comme moyen de transport que les agents des douanes peuvent également procéder à la visite des personnes.

3. Le droit de visite des personnes

Cette notion de visite des personnes recouvre plusieurs cas allant du contrôle simple de l'identité à la véritable fouille du corps. Les fouilles corporelles sont des recherches effectuées sur une personne physique. Elles comportent quatre modalités essentielles : la palpation de sécurité, la fouille à corps de sécurité, la fouille judiciaire et les fouilles externes[96].

Dans la palpation de sécurité, il n'y a pas de contact avec la personne fouillée. Elle est juste palpée sur les vêtements en vue, par exemple, de détecter la présence d'une arme dans l'une de ses poches[97]. Ici, l'on recherche un objet délictuel ou une marchandise dont l'importation ou circulation est prohibée. La fouille à corps de sécurité permet de retirer à toute personne privée en liberté tout objet pouvant être utilisé de manière agressive (ceinture, cravate, lacet, métal, etc.)

La fouille judiciaire permet de rechercher des objets sur le corps d'une personne privée de liberté lorsque la palpation et la détection électronique ne peuvent pas être effectuées. Elle doit se faire dans un lieu fermé et par une personne de même sexe que celle qui est fouillée. Les fouilles externes ou explorations corporelles, quant à elles, sont effectuées dans le corps de la personne qui les subit.

---

[96] BORRICAND J. et SIMON A, *op. cit.* p.349.
[97] NGOTO NGOIE NGALINGI, *op.cit.*, p. 156.

C'est le cas des trafiquants qui avalent les pierres précieuses ou des sachets de drogues pour échapper à la vigilance des services de l'ordre et de sécurité. Elles ne peuvent se faire que par le médecin. Les officiers de police judiciaire ne peuvent y faire procéder que sur autorisation du ministère public.

Dans ce cas, le douanier a la faculté de procéder à une fouille corporelle pour découvrir l'infraction, alors que le policier ne peut user de ses pouvoirs de contrainte que dans la mesure où il a déjà démontré l'existence d'une flagrance. L'exercice du droit de visite douanier est toujours préventif, c'est à dire, sans nécessité de l'existence d'un indice apparent.

La visite des personnes s'étend-elle aux accessoires portés sur elle ? La question est celle de la frontière entre droit de visite et acte assimilable à une perquisition, nécessitant une autorisation judiciaire. La jurisprudence autorise la fouille des bagages et sacs à main portés par la personne contrôlée.

L'exercice du droit de visite à corps suppose la rétention de la personne, ce qui est doublement attentatoire aux libertés individuelles. Cette rétention ne doit donc pas excéder la durée strictement nécessaire au contrôle, c'est-à-dire à la réalisation de la visite et à l'établissement du procès-verbal.

Au sein de la notion de visite des personnes, les agents des douanes peuvent proposer à la personne contrôlée de se soumettre à un test de dépistage de la présence de stupéfiants dans le corps. Les douaniers proposent l'examen médical à la personne suspectée. Le consentement préalable de l'intéressé doit être recueilli.

À défaut de l'accord de l'intéressé, la loi prévoit une seconde procédure de fouille *in corpore* qui permet de passer outre le refus de la personne suspectée. La personne contrôlée doit être avisée dans une langue qu'elle comprend de la faculté de refuser un tel test. Le refus de se soumettre à un tel test n'est pas sans conséquence, puisqu'il peut constituer un indice sérieux.

§2. Le droit d'appréhender les marchandises

La mission traditionnelle de l'administration douanière est d'assurer la police des marchandises. Les saisies douanières de marchandises recouvrent deux hypothèses. Soit les agents des douanes peuvent saisir des marchandises parce qu'ils constatent une infraction ; soit ils estiment, dans le cadre de leurs investigations, qu'il serait utile notamment pour la sûreté des pénalités ultérieures de saisir des marchandises et des biens et dans ce cas, ils doivent solliciter l'autorisation d'un magistrat.

Les pouvoirs des agents des douanes ont donc pour finalité soit de rechercher la preuve de l'infraction douanière commise ou de préserver cette preuve, soit de sauvegarder les droits du Trésor public en prenant des garanties nécessaires pour le recouvrement des sommes dues.

Ainsi, ceux qui constatent une infraction douanière ont le droit de saisir tous objets passibles de confiscation, de retenir les expéditions et tous autres documents relatifs aux objets saisis et de procéder à la retenue préventive des objets affectés à la sûreté des pénalités.

C'est pourquoi, dans tous les cas de constatation d'infraction douanière flagrante, les moyens de transport et les marchandises litigieuses non passibles de confiscation peuvent, pour sûreté des pénalités encourues, être retenus jusqu'à ce qu'il soit fourni caution ou versé consignation du montant desdites pénalités.

A. Le contrôle des marchandises dont la détention est réglementée

Les agents de douanes doivent scrupuleusement contrôler les marchandises dangereuses pour la santé publique (les produits classés comme stupéfiants, psychotropes, œstrogènes et anabolisants), des marchandises dangereuses pour la sécurité publique (armes, munitions, explosifs), toute image ou représentation pornographique mettant en scène un mineur, des marchandises contrefaites, des marchandises prohibées au titre d'engagements internationaux (faune et flore protégée), des marchandises faisant l'objet d'un courant de fraude international et d'un marché clandestin préjudiciant aux intérêts légitimes du commerce régulier et du trésor (alcools, tabacs, perles et pierres).

B. Les pouvoirs d'investigations des agents des douanes dans les lieux privés

Les agents des douanes peuvent ainsi demander communication de tous documents relatifs à des opérations relevant de leur compétence et lorsque cela est utile, ils peuvent également accéder aux locaux professionnels. Les agents des douanes possèdent des pouvoirs d'investigation dans les locaux.

En dehors du domicile, les agents des douanes peuvent être amenés à accéder aux locaux professionnels, afin de s'y faire remettre des documents ou pour une visite plus approfondie de ces locaux dans le but de trouver des éléments de preuve d'une fraude douanière.

Section III. Constatation des infractions douanières

Les agents des douanes revêtus au moins du grade d'attaché de bureau de première classe ont le pouvoir de constater les infractions à la législation douanière[98]. Lorsque les officiers de police judiciaire à compétence générale constatent des infractions douanières, ils les signalent immédiatement à la douane.

Les infractions douanières doivent être relatées dans des procès-verbaux à rédiger sur-le-champ ou dans le plus bref délai possible[99]. Les procès-verbaux d'infraction en matière douanière décrivent la nature et les circonstances de ces infractions, le temps et le lieu où elles ont été commises, les preuves ou indices à la charge de ceux qui en sont auteurs présumés, ainsi que les marchandises et moyens de transport éventuellement saisis.

Si l'auteur présumé de l'infraction est présent, le procès-verbal énonce qu'il lui en a été donné lecture et qu'il a été invité à le signer. Les procès-verbaux d'infraction en matière douanière se terminent par le serment écrit suivant : « je jure que le présent procès-verbal est sincère ».

Les procès-verbaux d'infraction en matière douanière sont établis d'un seul tenant, sans blanc, ni interligne ni surcharge. Les renvois et apostilles ne peuvent être inscrits qu'en marge sauf s'ils sont signés ou paraphés par les verbalisateurs.

Les procès-verbaux ainsi établis sont transmis, sans délai, au chef hiérarchique dont relèvent les verbalisateurs, et une copie en est remise aux auteurs présumés ou leur est

---

[98] Article 356 du code des douanes.

[99] Article 357 du code des douanes

transmise par lettre recommandée à la poste. Si les auteurs présumés refusent cette communication ou sont inconnus, la notification est faite à l'autorité administrative du lieu où l'infraction a été constatée.

Ceux qui constatent une infraction douanière ont le droit de saisir tous objets passibles de confiscation, de retenir tous documents relatifs aux objets saisis et de procéder à la retenue préventive des moyens de transport et des marchandises litigieuses non passibles de confiscation pour garantir le paiement des droits et taxes dus ainsi que des amendes encourues[100].

Ils ne peuvent procéder à l'arrestation et à la saisie des auteurs présumés qu'en cas d'infraction flagrante ou réputée telle et pour autant que celle-ci soit passible de servitude pénale. L'officier du ministère public territorialement compétent en est immédiatement informé. La durée de la détention des personnes saisies ne peut excéder 48 heures, sauf prolongation d'une même durée autorisée par l'officier du ministère public.

Pendant la détention, l'officier du ministère public peut se transporter sur les lieux pour vérifier les modalités de détention et se faire communiquer les procès-verbaux et registres prévus à cet effet.

S'il l'estime nécessaire, il peut désigner un médecin pour administrer, le cas échéant, les soins appropriés. Pour autant que les circonstances le permettent, les marchandises et moyens de transport saisis sont conduits et déposés au bureau de douane le plus proche du lieu de la saisie. Lorsqu'il existe dans une même localité plusieurs bureaux de douane, les objets saisis peuvent être transportés indifféremment dans l'un d'entre eux.

---

[100] Article 358 du code des douanes.

Lorsqu'on ne peut les conduire immédiatement au bureau de douane, ou lorsqu'il n'y a pas de bureau de douane dans la localité, les objets saisis peuvent être confiés à la garde de l'auteur présumé ou d'un tiers sur le lieu de la saisie ou dans une autre localité. Le gardien des marchandises et moyens de transport saisis est tenu de les présenter à première réquisition des agents des douanes.

À la demande du saisi ou sur offre de la douane, mainlevée des marchandises et moyens de transport saisis peut être accordée aux conditions ci-après :

a. Les marchandises ne doivent pas être prohibées ou soumises à des mesures de restriction ;
b. Les marchandises ou moyens de transport ne doivent pas être présentés comme preuve matérielle à un stade ultérieur de la procédure.

La mainlevée est subordonnée au dépôt d'une garantie dont le montant est égal à la valeur des marchandises et moyens de transport en cause. Toutefois, la mainlevée des moyens de transport est accordée sans garantie au propriétaire de bonne foi, lorsqu'il a conclu le contrat de transport, de location ou de crédit-bail le liant à l'auteur présumé conformément aux lois et règlements en vigueur et selon les usages de la profession, moyennant remboursement des frais éventuellement engagés par la douane pour assurer la garde et la conservation des moyens de transport saisis.

Lorsque le saisi ne demande pas la mainlevée et/ou qu'il rejette l'offre faite par la douane, les marchandises d'une conservation difficile parce que susceptibles de se corrompre ou de se déprécier rapidement, ainsi que celles dont le stockage présente des inconvénients ou des difficultés à cause notamment de leur nature ou volume, peuvent être immédiatement vendues aux enchères publiques. Dans ce cas, le produit de la vente tient lieu des objets saisis pour les fins de confiscation ou de restitution.

Les marchandises prohibées d'une conservation difficile parce que susceptibles de se corrompre ou de se déprécier rapidement et celles dont le stockage présente des inconvénients ou des difficultés à cause notamment de leur nature ou volume peuvent, lorsque leur exportation ou leur restitution ne peut être envisagée, être détruites par la douane.

Les verbalisateurs qui ne présentent pas la totalité des saisies, et ceux qui pratiquent des captures ou des saisies illégales, sont passibles de sanctions disciplinaires, sans préjudice de leur poursuite devant les cours et tribunaux[101].

Les dommages-intérêts occasionnés par des saisies illégales et qui pourraient être réclamés par les propriétaires des marchandises et moyens de transport ou des personnes y intéressées, ne seront en aucun cas, alloués par les juges à un montant plus élevé que celui de 1% de la valeur des objets saisis par mois de 30 jours, à compter du jour de la saisie jusqu'à celui de la mainlevée[102]. Ces dommages-intérêts sont à la charge de l'administration dont relèvent les verbalisateurs.

Les procès-verbaux d'infraction en matière douanière font foi jusqu'à ce que fausseté en soit prouvée, en tant qu'ils relatent des opérations ou des constatations faites par les verbalisateurs. Ils valent titre pour prendre toutes mesures conservatoires utiles à l'encontre des personnes pénalement ou civilement responsables, à l'effet de garantir les créances douanières de toute nature résultant desdits procès-verbaux.

---

[101] Article 359 du code des douanes.
[102] Article 360 du code des douanes.

§1. Des poursuites et du recouvrement

Les infractions douanières peuvent être poursuivies et prouvées par toutes les voies de droit[103]. L'action pour l'application de la peine de servitude pénale est exercée par le ministère public. L'action pour l'application des amendes et des confiscations prévues par la législation douanière est exercée par la douane. Qu'il s'agisse d'une instance civile ou commerciale ou d'une ouverture d'instruction, même terminée par un classement sans suite, l'autorité judiciaire est tenue d'informer la douane de tout renseignement de nature à présumer une infraction douanière ou une manœuvre quelconque ayant eu pour but ou effet d'enfreindre la législation douanière[104].

Lorsque l'auteur d'une infraction douanière décède avant l'intervention d'une transaction ou d'un jugement définitif, la douane est fondée, conformément aux dispositions de l'article 364 point 2 ci-dessus, à exercer contre la succession une action tendant à faire prononcer par le tribunal la condamnation au paiement des amendes et à la confiscation des objets passibles de cette peine[105].

En application des dispositions de l'article 363 point 2 ci-dessus, la douane peut se faire représenter à l'audience. Son représentant expose l'affaire et dépose ses conclusions.

Pour le recouvrement des droits et taxes ainsi que des amendes, il est accordé au Trésor public un privilège sur toutes les marchandises se trouvant dans les installations douanières ou dans tous autres endroits sous la surveillance ou le contrôle de la douane, qu'elles y soient

---

[103] Article 362 du code des douanes.
[104] Article 364 du code des douanes.
[105] Article 365 du code des douanes.

déposées au nom du débiteur ou lui appartiennent. Ce privilège prime sur tous les autres privilèges[106].

§2. De l'extinction des droits de poursuite

Deux possibilités s'offrent pour éteindre les droits de poursuite pénale. Il s'agit de la transaction douanière et de l'acquiescement.

1. De la transaction douanière

Il faut entendre par transaction, la convention par laquelle la douane, agissant dans la limite de sa compétence, renonce à poursuivre l'infraction douanière pour autant que la ou les personnes impliquées se conforment à des conditions bien déterminées[107]. Le directeur général des douanes ou son délégué a le pouvoir de transiger avec les personnes poursuivies pour infraction douanière.

Le code des douanes autorise l'Administration douanière à transiger avec les personnes poursuivies pour des infractions douanières. Elle peut convenir avec l'auteur d'une infraction douanière, dans la limite des pénalités fixées par la loi, des conditions dans lesquelles peut être terminé un litige. Le droit douanier a ainsi consacré la négociation sur la peine fiscale.

Cette faculté de négocier avec une personne, qui se reconnaît elle-même auteur d'une infraction douanière, ne peut concerner les droits et taxes qui auraient été éludés puisque le code des douanes et les règles posées par l'Union européenne excluent expressément la possibilité de transiger sur ces droits et taxes fraudés.

---

[106] Article 367 du code des douanes.
[107] Article 368 du code des douanes.

La transaction, sous l'angle du droit civil, consiste ainsi, lorsqu'elle est sollicitée par l'infracteur et concédée par l'Administration douanière en une convention établie entre les parties par laquelle elles mettent un terme au litige qui les oppose à la suite de concessions réciproques[108].

L'Administration douanière est autorisée à transiger avec les personnes poursuivies pour infraction douanière et pour infraction à la législation et à la réglementation relatives aux relations financières avec l'étranger sous réserve de l'application des dispositions suivantes :

- Lorsqu'aucune action judiciaire n'est engagée les transactions excédant les limites de compétence des services extérieurs de l'administration douanière doivent être soumises pour avis au comité du contentieux fiscal, douanier et des changes.
- Après mise en mouvement par l'Administration douanière ou le ministère public d'une action judiciaire, l'Administration douanière ne peut transiger que si l'autorité judiciaire admet le principe d'une transaction. L'accord de principe est donné par le ministère public lorsque l'infraction est passible à la fois de sanctions fiscales et de peines, par le président de la juridiction saisie, lorsque l'infraction est passible seulement de sanctions fiscales.
- Après jugement définitif, les sanctions fiscales prononcées par les tribunaux ne peuvent faire l'objet de transaction.

La transaction représente la renonciation à certaines sommes, dont elle pourrait demander le paiement devant le tribunal correctionnel ou de police. Pour l'auteur d'une infraction douanière, elle se traduit par le versement d'une somme d'argent ou l'abandon d'une marchandise ainsi que

[108] Rozenn CREN, *op cit* , p. 254.

la reconnaissance de la commission de l'infraction. Ce sont ces multiples aspects qui composent la nature de la transaction douanière (i) et son contenu (ii).

A. La nature de la transaction douanière

La transaction est un contrat synallagmatique conclu entre l'Administration douanière et l'auteur d'une infraction douanière, régi par les dispositions de droit commun des contrats, par lequel les deux parties conviennent de « terminer une contestation née ou de prévenir une contestation à naître.

Tant en ce qui concerne sa conclusion que son exécution, la transaction douanière obéit dès lors pour l'essentiel au droit commun contractuel, dont elle reste toutefois une application remarquable.

L'acte transactionnel constitue pour le contrevenant, du point de vue pénal, une reconnaissance de culpabilité et une demande de non-poursuite devant les juridictions pénales en même temps qu'une remise d'amende. L'acceptation par l'autorité compétente équivaut à une renonciation à son droit d'exercer l'action fiscale devant les juridictions répressives.

La nature de la transaction est donc administrative. Son objet serait pénal puisqu'il s'agit de fixer la sanction d'une infraction et ses effets juridiques sont régis par le droit civil. La procédure administrative de la transaction s'apparente aussi aux techniques mettant fin aux litiges civils, sans pour autant pouvoir y être assimilée, en raison de la nature particulière du litige qui trouve sa source dans la commission d'une infraction douanière.

En effet, l'infraction lésant le Trésor public exige à ce titre une réparation, mais mérite également une sanction, en raison de l'atteinte portée à l'ordre public. La question de la nature juridique de la transaction est donc fort complexe. La transaction en matière pénale a pu être qualifiée de « décision administrative à caractère répressif ».

Pour l'Administration douanière, la transaction constitue un mode efficace et rapide de règlement des litiges douaniers par la voie administrative, pour un très grand nombre d'infractions ne présentant pas, en général, un caractère de gravité marqué.

La transaction évite à l'Administration douanière les lenteurs et les aléas d'une poursuite judiciaire et le risque de voir sanctionner sa procédure par la voie de la requête en annulation ou une éventuelle application du principe de la rétroactivité *in mitius* en cours d'instance judiciaire. Par la transaction, l'Administration douanière décide de la sanction à appliquer à l'auteur de l'infraction douanière et ne voit pas sanctionner les éventuelles irrégularités de sa procédure[109].

B. Le contenu de la transaction douanière

La transaction provisoire se présente comme un contrat synallagmatique comportant une condition résolutoire au profit de l'administration. Elle doit comporter l'indication du service qui relève l'infraction, l'identité de l'infracteur, la qualification juridique des faits commis, la nature et la quantité des objets de fraude ainsi que la reconnaissance de l'infraction par son auteur et les modalités de l'arrangement transactionnel.

Elle prévoit notamment que si la transaction est approuvée par l'autorité supérieure douanière il sera mis fin au litige mais que, dans le cas contraire, l'arrangement sera nul de plein droit. Elle contient également

[109] Rozenn CREN, *op cit* , p. 258.

l'engagement du prévenu de laisser en consignation la somme versée jusqu'à la solution définitive du litige, soit par la voie judiciaire, soit par la voie administrative.

Lorsque la transaction intervient avant toute saisine du tribunal compétent, elle éteint définitivement l'action pour l'application des amendes et confiscation, ainsi que l'action pour l'application des peines de servitude pénale. Lorsque le tribunal compétent a été régulièrement saisi, la transaction visée au point 1 ci-dessus ne peut intervenir qu'avec l'accord du président dudit tribunal. Après jugement définitif, les condamnations prononcées par le tribunal compétent ne peuvent faire l'objet d'aucune transaction.

2. L'acquiescement

Le principe de l'indépendance des actions publique et fiscale conduit à ce que l'acquiescement de l'administration à une décision judiciaire, s'il éteint l'action fiscale laisse subsister l'action publique. Il s'agit de la différence fondamentale avec la transaction qui éteint également l'action publique du chef des infractions fiscales.

Il en résulte que l'appel du ministère public lorsque la douane a été présente à l'instance et n'a pas usé de son droit de recours dans les délais légaux permet de continuer l'exercice de l'action publique mais ne fait pas revivre l'action fiscale. Il en va de même pour le pourvoi en cassation.

La poursuite douanière a depuis toujours été partie prenante du mouvement qui tend à restreindre l'application du système pénal et plus précisément de réduire ce champ de la poursuite. Deux mécanismes sont alors possibles. Le premier est la suppression des sources de l'intervention pénale, le second est de réduire le champ des poursuites, notamment par les mécanismes de règlement anticipés ou amiables des litiges. Or le contentieux douanier est très majoritairement transactionnel.

3. De la prescription

La prescription a pour conséquence l'assurance de l'impunité aux coupables au bout d'un certain temps ; elle ne peut pas justifier, implicitement le recours au classement pour inopportunité des poursuites en plaçant les coupables à l'abri de la répression pourtant légitime, en attendant un moment qui viendra en effet où il serait socialement mauvais de remuer les cendres d'une vielle affaire.

A. L'extinction de l'action publique en matière fiscale

Les lois envisagent divers modes d'extinction de l'action publique. Celle-ci est en effet éteinte en matière fiscale comme en matière de droit commun par :

- La mort du contrevenant, que la poursuite soit ou non commencée.

Le décès de l'auteur de l'infraction douanière éteint à la fois l'action publique et l'action fiscale. Le Code pénal prévoit cependant que lorsque le décès intervient au moment où la condamnation est devenue définitive, les frais de justice, l'amende et la confiscation peuvent être ramenés à exécution. Mais, étant une cause d'extinction personnelle, propre à la personne poursuivie, ces deux actions demeurent à l'égard des complices et des coauteurs.

Le décès du condamné ou la dissolution de la personne morale dans le cas où la dissolution est prononcée par la juridiction pénale, la grâce et l'amnistie, empêchent ou arrêtent l'exécution de la peine. Toutefois, il peut être procédé au recouvrement de l'amende et des frais de justice ainsi qu'à l'exécution de la confiscation après le décès du condamné ou la dissolution de la personne morale jusqu'à clôture des opérations de liquidation...

Il faut souligner l'existence d'une règle particulière en droit pénal douanier, qui a pour conséquence que toute action n'est pas entièrement éteinte à l'égard de l'auteur principal décédé[110].

En effet, lorsque l'auteur d'une infraction douanière vient à décéder avant l'intervention d'un jugement définitif ou d'une transaction, l'Administration douanière est fondée à exercer contre la succession une action tendant à faire prononcer par le tribunal d'instance la confiscation des objets passibles de cette sanction ou, si ceux-ci n'ont pas pu être saisis, la condamnation au paiement d'une somme égale à la valeur desdits objets ».

Mais, selon la jurisprudence, cette action n'est pas une action fiscale mais une action civile autonome qui peut être exercée en dépit de l'extinction de l'action publique et de l'action fiscale[111]. L'effet extinctif ne s'étend pas à l'action civile puisque les héritiers sont tenus des dettes successorales. Il est des cas où la volonté du législateur éteint l'action en répression de l'infraction douanière, il s'agit de l'amnistie et de l'abrogation de la loi.

Il n'y a pas néanmoins obstacle au recouvrement des condamnations pécuniaires contre les héritiers du décédé condamné par un jugement devenu irrévocable. Par contre, toutes poursuites et exécutions en vertu d'une décision n'ayant pas acquis force de chose jugée sont interdites[112].

---

[110] Rozenn CREN, *op cit* , p. 244.

[111] Cass. crim 8 oct. 1990, Bull. crim. n°334, Dr. Pénal, 1999, n° 114.

[112] Cass.fr 7 novembre 1946, R.D ; trib. Bordeaux, 3 mai 1948, p. 455.

- La loi d'amnistie

L'amnistie peut être définie comme la mesure qui ôte rétroactivement à un fait son caractère délictueux[113]. L'amnistie n'est cependant une cause d'extinction de l'action fiscale que si elle est réelle, inconditionnelle et survenue avant jugement. Si l'amnistie est personnelle, c'est-à-dire accordée à certaines catégories de délinquants, elle ne produit d'effet extinctif qu'à leur égard et laisse subsister l'action fiscale de même que l'action publique, vis-à-vis des coauteurs et complices.

Elle peut être subordonnée à l'accomplissement d'une condition, l'effet extinctif n'opère alors que lorsque l'auteur de l'infraction a respecté la condition, par exemple en s'acquittant de l'amende. Si l'amnistie intervient après jugement, elle est une cause d'extinction des peines.

Le Code pénal congolais contient des dispositions générales en matière d'amnistie applicables à la matière douanière. L'amnistie répute la condamnation non-avenue et entraîne la remise de toutes les peines. Les personnes déjà condamnées ne peuvent cependant prétendre à la restitution des amendes encaissées par le trésor public.

Cause d'extinction de l'action publique et de l'action fiscale, l'amnistie laisse en revanche subsister l'action civile. Le fait amnistié, s'il n'est plus délictueux, reste un fait dommageable dont la victime peut demander réparation. La douane pourrait donc solliciter de la juridiction civile, ou le tribunal répressif s'il a été saisi avant la loi d'amnistie, la condamnation au paiement d'une indemnité de la valeur des droits et taxes fraudés. De l'amnistie, on peut rapprocher l'abrogation de la loi douanière.

---

[113] G. Cornu, *Vocabulaire juridique*, Association H. Capitant, PUF, 2001.

Elle entrave l'action publique, éteint les condamnations déjà prononcées et fait disparaitre le caractère délictueux des faits auxquels elle s'applique. Elle constitue l'oubli pénal complet.

- L'exception de la chose jugée

L'autorité de la chose jugée se définit comme l'ensemble des effets attachés à la décision juridictionnelle. Notamment, en application du principe non bis in idem, les faits déjà jugés ne peuvent plus faire l'objet d'une nouvelle poursuite. L'autorité de la chose jugée éteint donc l'action publique.

Une décision devenue définitive rendue par une juridiction répressive, quel qu'en soit le contenu, interdit à l'encontre de la personne déjà jugée toute nouvelle poursuite pour les mêmes faits, à condition qu'il y ait, comme en droit civil, identité d'objet, de cause et de parties. Ainsi, des faits distincts mêmes connexes peuvent faire l'objet de poursuites successives. De même, la relaxe ou la condamnation de l'auteur principal n'interdit pas la poursuite du complice ou du coauteur.

En revanche, rien n'interdit de nouvelles poursuites si des faits nouveaux aggravants venaient à être découverts. Cette question des faits révélés postérieurement à la décision de jugement définitive rendant possible de nouvelles poursuites trouve à s'illustrer en matière douanière dans le cas où la douane aurait transigé avec un individu pour un volume déterminé de marchandises ou d'infractions identiques successives et qu'ultérieurement soient découvertes de nombreuses infractions identiques commises simultanément, qui devraient permettre l'engagement de nouvelles poursuites.

Donc, on se refuse à punir de nouveau un coupable déjà condamné à raison d'une même infraction. On ne peut non plus remettre à prévention un individu acquitté. La règle « *non bis in idem* » forme obstacle à ce que la même poursuite soit reproduite devant les tribunaux.

- La transaction

Lorsqu'elle est acceptée, elle enraye l'action publique. Le paiement par le contrevenant de la somme demandée par l'Administration fiscale produit des effets s'il est intervenu dans le délai indiqué.

- La prescription

Selon Jean Pradel, la prescription est l'irrecevabilité à agir pour le titulaire d'un droit s'il est resté trop longtemps inactif[114]. Pour chaque catégorie d'infraction, la loi a prévu un délai de droit commun : il est d'un an en matière contraventionnelle, de trois ans en matière délictuelle et de dix ans en matière criminelle.

L'écoulement de ces délais à compter de la commission de l'infraction a normalement pour effet, à défaut d'évènement permettant une prorogation, d'entraîner l'acquisition de la prescription et l'irrecevabilité de l'action publique relativement à cette infraction. Il en va de même pour l'exercice de l'action fiscale douanière.

Après l'écoulement d'un certain laps de temps, l'action publique ne doit plus être reçue à raison de la disparition des preuves et des témoins. Généralement, la prescription a lieu après un espace de temps relativement long. Cette prescription concerne l'action publique et la peine.

[114] Jean Pradel, *Procédure pénale*, 12e édition, Cujas, 2004, p. 199, n° 235.

Quand il y a prescription de la peine, il y a impossibilité d'exécuter matériellement l'arrêt ou le jugement de condamnation, mais le principe de cette dernière subsiste. Par contre, lorsqu'il y a prescription de l'action, il n'existe pas de possibilité d'attraire l'inculpé devant la juridiction de jugement pour faire prononcer la peine. La prescription de la peine a trait à l'exécution, la prescription de l'action concerne la poursuite.

B. La date de l'infraction et la prescription de l'action publique

La date à laquelle l'infraction se réalise ne doit pas être confondue avec celle où sont accomplis les actes l'ayant facilitée ou permise.

En cas de dissimulation, l'infraction est consommée au moment du dépôt de la déclaration mensongère souscrite par le contribuable sans qu'il y ait lieu de faire état de la date à laquelle ont été effectuées les falsifications de pièces comptables ou les manœuvres tendant à justifier l'exactitude de cette déclaration[115].

S'il s'agit d'une fraude par omission volontaire de déclarations, le délit doit être considéré comme étant commis à la date d'expiration du délai légal fixé pour le dépôt de la déclaration. Toutefois, en cas de dépôt hors délai d'une déclaration minorée, l'infraction est réalisée à la date du dépôt.

En définitive, la jurisprudence de la Cour de cassation française conduit à considérer que le point de départ de la prescription est déterminé par l'alternative suivante :

---

[115] Cass. Crim, 3 novembre 1976, n° 76-90581.

- Ou bien une déclaration a été souscrite et la prescription commence à courir de la date effective du dépôt y compris en cas de déclaration déposée hors délai ;
- Ou bien il y a défaut de déclaration et le point de départ de la prescription est uniformément la datc d'expiration du délai légal prévu à cet effet.

C. Les règles particulières de l'interruption de la prescription des infractions douanières et fiscales

La prescription des infractions fiscales peut être interrompue. La rédaction d'un procès-verbal régulier ou une demande d'instruction judiciaire adressée au parquet interrompt la prescription.

Par contre, l'invitation à souscrire une transaction sous menace de poursuites judiciaires adressée au délinquant par le fonctionnaire compétent pour exercer l'action publique n'est pas reconnue comme interruptive de la prescription. Cette invitation ne peut être considérée comme un acte d'instruction ou de poursuite[116] car elle n'est pas un acte judiciaire impliquant l'exercice de l'action publique.

Par contre, nous estimons, au regard des pouvoirs étendus de l'Administration douanière, que des actes administratifs de l'Administration douanière fiscale peuvent interrompre la prescription. D'aucuns prétextent la nature de la transaction fiscale qu'ils n'hésitent pas à qualifier de jugement douanier pour justifier leur avis.

L'action en recouvrement total ou partiel des droits et taxes est prescrite dans un délai de 3 ans à compter de la date d'enregistrement de la déclaration de marchandises[117]. L'action en répression des infractions

---

[116] E. LAMY, op. cit., p. 494.
[117] Article 369 du code des douanes.

douanières est prescrite dans le délai sus indiqué lorsque les marchandises en cause sont couvertes par une déclaration de marchandises dûment enregistrée par le bureau de douane compétent.

Lorsque les marchandises en cause n'ont pas fait l'objet d'une déclaration de marchandises dûment enregistrée par le bureau de douane compétent, les actions en recouvrement des droits et taxes et en répression des infractions douanières liées aux dites marchandises sont prescrites dans un délai de 6 ans[118].

La prescription sera interrompue, dans chaque cas, par des actes écrits d'instruction ou de poursuite communiqués en bonne et due forme à l'auteur présumé de l'infraction avant l'expiration du délai[119]. Toutefois, la prescription est acquise irrévocablement si l'action ainsi entamée est interrompue pendant une année, sans introduction d'instance devant les cours et tribunaux, quand bien même le délai initial de 3 ans ou 6 ans, selon le cas, ne serait pas expiré.

D. De la responsabilité pénale et civile en matière douanière

a. De la responsabilité pénale

i. Des détenteurs des marchandises[120]

Le détenteur des marchandises de fraude est réputé responsable de la fraude. Toutefois, les transporteurs publics ne sont pas considérés, eux et leurs préposés ou agents, comme contrevenants lorsque, par une désignation exacte et régulière de leurs commettants, ils mettent la

---

[118] Article 370 du code des douanes.
[119] Article 371 du code des douanes.
[120] Article 373 du code des douanes.

douane en mesure d'exercer utilement des poursuites contre les véritables auteurs de la fraude.

Il faut entendre par transporteur public toute personne agréée par arrêté du ministre ayant le transport dans ses attributions et ayant pour profession le transport public des marchandises.

ii. Des capitaines de navires, des commandants d'aéronefs, des conducteurs de véhicules[121]

Les capitaines de navires, les commandants d'aéronefs et les conducteurs de véhicules sont réputés responsables des omissions et inexactitudes relevées dans les déclarations de chargement et, d'une manière générale, des infractions douanières commises à bord de leurs moyens de transport. Toutefois, les peines de servitude pénale édictées par le présent code ne leur sont applicables qu'en cas de faute personnelle.

iii. Des déclarants[122]

Le déclarant qui agit pour son propre compte est responsable des omissions, inexactitudes et autres irrégularités relevées dans la déclaration de marchandises. Lorsque la déclaration de marchandises a été établie par un commissionnaire en douane, ce dernier est responsable des omissions, inexactitudes et autres irrégularités relevées dans la déclaration de marchandises.

iv. Des complices[123]

Sont complices des infractions douanières et passibles des mêmes peines que les auteurs et coauteurs de celles-ci, les personnes visées à l'article 22 du Code pénal, livre 1er.

---

[121] Article 374 du code des douanes.
[122] Article 375 du code des douanes.
[123] Article 376 du code des douanes.

v. Des intéressés à la fraude[124]

Sont passibles des mêmes peines que les auteurs et coauteurs d'une infraction douanière, ceux qui y ont participé comme intéressés d'une manière quelconque. Sont réputés intéressés à la fraude :

- Les entrepreneurs, membres d'entreprise, assureurs, assurés, bailleurs de fonds, propriétaires de marchandises, et, en général, ceux qui ont un intérêt direct à la fraude ;
- Ceux qui ont coopéré d'une manière quelconque à un ensemble d'actes accomplis par un certain nombre d'individus agissant de concert, d'après un plan de fraude arrêté pour assurer le résultat poursuivi en commun ;
- Ceux qui ont sciemment, soit couvert les agissements des fraudeurs ou tenté de leur procurer l'impunité, soit acheté ou détenu, même en dehors du rayon des douanes, des marchandises provenant d'une infraction de contrebande ou d'une importation ou exportation sans déclaration.

Ne peut être considérée comme intéressée, toute personne qui agit en état de nécessité ou par suite d'erreur invincible.

b. De la responsabilité civile [125]

La douane est civilement responsable des actes commis par ses agents dans l'exercice de leurs fonctions.

---

[124] Article 377 du code des douanes.
[125] Article 378 du code des douanes.

i. La responsabilité civile du propriétaire des marchandises

Le propriétaire des marchandises est civilement responsable du fait de ses employés en ce qui concerne les droits et taxes, confiscations, amendes et dépens.

ii. La responsabilité civile due la caution

La caution est tenue, au même titre que le principal obligé, de payer les droits et taxes, amendes et autres sommes dues par le redevable qu'elle a cautionné.

c. De la solidarité

Les condamnations contre plusieurs personnes pour une même infraction douanière sont solidaires, tant pour les droits et taxes et les pénalités pécuniaires tenant lieu de confiscation que pour les amendes et dépens, à l'exception des infractions aux articles 30 point 1 et 40 point 1 du présent code[126].

Les propriétaires des marchandises, ceux qui se sont chargés de les importer ou de les exporter, les déclarants, les commissionnaires en douane, les détenteurs, les intéressés à la fraude et les complices, sont tous solidaires pour le paiement des droits et taxes, des amendes, des sommes tenant lieu de confiscation et des dépens.

---

[126] Article 381 du code des douanes.

§3. Présomption d'innocence et preuve en droit douanier

1. Présomption d'innocence

A. Considérations générales de la présomption d'innocence

La présomption d'innocence est le principe selon lequel toute personne poursuivie doit être considérée comme innocente des faits qui lui sont reprochés tant qu'elle n'a pas été reconnue coupable par la juridiction légalement compétente. Elle constitue un principe fondamental reconnu notamment par la Déclaration universelle des droits de l'homme ainsi que la charte africaine des droits de l'homme et des peuples.

La plupart de pays du monde reconnaissent également ce principe et l'ont même inscrit dans leurs constitutions. En RDC, la présomption d'innocence se lit à travers l'article 17 *in fine* de la constitution de la RDC du 18 février 2006.

La présomption d'innocence se présente comme une croyance obligatoire à l'innocence de la personne soupçonnée.

Ainsi, malgré les charges qui pèsent sur lui, il est admis que l'accusé peut être innocent, c'est-à-dire qu'il est un innocent potentiel. Puisque si le délit est incertain, n'est-il pas affreux de tourmenter un innocent ? Tant que la culpabilité n'est pas certaine, l'innocence doit au bénéfice du doute profiter au suspect.

La présomption d'innocence telle que présentée dans la plupart des législations tire son fondement de l'article 11 DUDH qui outre l'obligation de croire d'abord à l'innocence de l'accusé exige que la culpabilité ne soit légalement établie qu'au cours d'un procès où toutes les règles de la procédure seront appliquées ; un procès instruit par un tribunal indépendant et impartial et où les droits de la défense ne sont pas bafoués.

La présomption d'innocence résulte d'un choix législatif de favoriser l'une des parties au jugement : elle est une règle de protection de la liberté. Ainsi les suspects ne sont-ils pas présumés innocents parce que dans la plupart des cas cela correspondrait à la vérité, mais en raison de la nécessité de garantir leurs intérêts.

Avant la fin du procès, l'accusé jouit de la présomption d'innocence. Il ne peut donc être considéré comme coupable avant la sentence du juge. Seule une décision du juge établissant sa culpabilité peut renverser la présomption d'innocence. On attribue généralement à la présomption d'innocence la signification selon laquelle l'individu qui n'est pas encore jugé est présumé innocent ; celui-ci doit être présenté et traité comme tel. Il n'est pas logique, ni juste d'admettre la culpabilité tant qu'elle n'a pas été démontrée.

En vertu du principe de la présomption d'innocence, il revient au demandeur de soutenir ses allégations, de prouver par tous les moyens de droit et de fait des éléments susceptibles d'établir la culpabilité de l'accusé. Il s'agit d'une règle protectrice qui désigne la partie demanderesse à la démonstration de l'état d'esprit de l'intéressé.

Cette règle d'or de la procédure pénale doit éviter qu'une personne traduite devant le tribunal ait à prouver son innocence. Le principe fondamental est alors que le fardeau et le risque de la preuve pèsent sur le demandeur. C'est au demandeur de démontrer la responsabilité pénale du défendeur et non à ce dernier de convaincre de son innocence. Le principe de la présomption d'innocence implique l'interdiction de l'affirmation de la culpabilité avant tout jugement et fait que la charge de la preuve incombe au procureur de la République (ministère public).

De la présomption d'innocence se dégagent donc deux séries des principes fondamentaux. Celui premièrement de l'interdiction d'affirmer qu'une personne est coupable avant qu'elle n'ait été jugée par le tribunal. Et vient un deuxième aspect de ce principe qui veut que la charge de la preuve pèse sur l'accusation et le doute profitant à l'accusé.

B. La présomption d'innocence en procédure pénale

La présomption d'innocence est avant tout une règle de procédure pénale et s'illustre au cours de différentes étapes de la procédure pénale.

Parce que seule une condamnation pénale, résultante d'un procès, peut renverser la présomption d'innocence et faire apparaitre la culpabilité, un individu ne peut, antérieurement à une décision définitive de justice, être considéré comme coupable d'une infraction. Puisqu'elle n'a pas fait l'objet d'une condamnation de justice, la personne mise en examen est toujours présumée innocente même lorsque celle-ci est placée sous contrôle judiciaire ou mise en détention provisoire.

C'est lorsque la juridiction pénale rend sa décision qui se traduit par la condamnation de la personne poursuivie que celle-ci est alors reconnue coupable. Seule une décision juridictionnelle définitive de condamnation éteint la présomption d'innocence. Somme toute, nul ne peut présenter un présumé innocent comme coupable avant toute condamnation irrévocable de justice.

Ainsi donc, Le non-respect de la présomption d'innocence peut donner lieu à une réparation civile en France conformément à l'article 9-1 du code civil. Dans le cadre du procès pénal, la présomption d'innocence engendre plusieurs conséquences juridiques dont la principale réside dans la nécessité pour le ministère public de démontrer la culpabilité de la personne poursuivie.

C'est à lui donc qu'incombe la charge de la preuve. Au cours de l'audience, il devra par conséquent démontrer la culpabilité du prévenu ou de l'accusé. Parce que tout un chacun est présumé innocent, il revient au ministère public qui représente l'accusation et qui est partie principale au procès pénal d'établir la culpabilité du prévenu par les éléments de droit ou de fait.

Si ceux-ci s'avèrent insuffisants pour étayer l'accusation, le demandeur sera débouté, le doute profitant à l'accusé. C'est donc à la partie poursuivante de rapporter la preuve de l'existence de l'infraction. Cette charge de preuve est allégée par un principe qui gouverne la notion de la preuve en droit pénal : la liberté de la preuve.

En droit pénal, tous les modes de la preuve sont admis pourvu qu'ils aient été loyalement recherche et contradictoirement discutés. Cette charge de la preuve est une garantie évidente pour le prévenu. Traduit devant un tribunal, il n'a pas à prouver son innocence en vertu du principe : *actori incubit probatio* et l'article 197 CCLIII.

C. La présomption d'innocence en droit douanier

1. Notion de la présomption de culpabilité

La DUDH précise que toute personne accusée d'une infraction est présumée innocente jusqu'à ce que sa culpabilité ait été légalement établie au cours d'un procès public où toutes les garanties nécessaires à sa défense lui auront été assurées[127]. Ce principe est relayé en droit congolais qui considère la présomption d'innocence comme un principe selon lequel toute personne qui se voit reprocher une infraction est réputée innocente tant que sa culpabilité n'a pas été légalement établie[128].

Mais, il arrive parfois que pour des raisons évidentes que le législateur s'écarte un peu de ce principe. Il admet ainsi certaines présomptions légales que, juridiquement, on dénomme favorables à l'accusation.

Ainsi, l'article 393 alinéa 3 du code des douanes[129] assimile à des actes de contrebande les importations ou exportations sans déclaration de marchandises, lorsque les marchandises passant par un bureau de douane sont soustraites à la visite des agents des douanes par dissimulation, notamment dans des cachettes spécialement aménagées ou dans des cavités ou espaces vides qui ne sont pas normalement destinés au logement des marchandises.

Cette disposition reflète la notion de présomption de culpabilité à l'égard des personnes détentrices de ces marchandises frauduleuses. Le franchissement de la frontière étant par nature très rapide, l'incrimination de contrebande trouve de ce fait un obstacle considérable à son établissement. Sont réputés intéressés à la fraude au sens de l'article 377 du code des douanes :

- Les entrepreneurs, membres d'entreprise, assureurs, assurés, bailleurs de fonds, propriétaires de marchandises, et, en général, ceux qui ont un intérêt direct à la fraude ;

---

[127] Article 11 de la Déclaration Universelle des Droits de l'Homme du 10 décembre 1948.
[128] Article 9 de la Constitution de la RDC du 18 février 2006.
[129] Article 39 alinéa 3 du code des douanes.

- Ceux qui ont coopéré d'une manière quelconque à un ensemble d'actes accomplis par un certain nombre d'individus agissant de concert, d'après un plan de fraude arrêté pour assurer le résultat poursuivi en commun ;
- Ceux qui ont sciemment, soit couvert les agissements des fraudeurs ou tenté de leur procurer l'impunité, soit acheté ou détenu, même en dehors du rayon des douanes, des marchandises provenant d'une infraction de contrebande ou d'une importation ou exportation sans déclaration. Ces deux dispositions précitées sont d'autant importantes parce qu'ils légifèrent sur la présomption de culpabilité.

Et il est clair que ces présomptions légales combattent très sérieusement la présomption d'innocence. Il est donc établi en droit douanier que toute personne trouvée en une situation frauduleuse (ex : le détenteur des marchandises en situation irrégulière) se voit considérée comme responsable sans qu'elle n'ait été condamnée par un jugement définitif.

La présomption de culpabilité fait supposer que l'auteur d'une violation à la législation douanière est présumé coupable et engage sa responsabilité du simple fait de la constatation matérielle de l'infraction. Ainsi est coupable de tentative d'exportation des capitaux l'individu interpellé dans le rayon des douanes et porteur d'une mallette contenant une importante somme d'argent.

Il n'est pas reconnu au prévenu une présomption d'innocence qui ferait supposer à son égard une innocence vis-à-vis des faits qui lui sont reprochés. Donc, les présumés auteurs de violation à la loi douanière sont malmenés avant de savoir s'ils sont coupables ou non. Ils répondent dès lors de leurs actes comme coupables par le simple établissement matériel de l'infraction à moins qu'il puisse prouver leur bonne foi.

Cette présomption de culpabilité s'illustre dans la présentation du prévenu comme responsable des faits qui lui sont reprochés bien antérieurement à toute décision de justice et par la technique de renversement de preuve que nombreux réfutent parce qu'ils considèrent que ce système bafoue les droits de la défense. Puisqu'en principe, c'est à lui qui invoque un fait d'en rapporter les preuves. Cette présomption légale est en réalité une véritable dispense de preuve directe de l'infraction.

Elle consiste à permettre à l'accusation de ne faire la preuve que de certains éléments de fait à partir desquels le raisonnement logique du législateur déduit l'existence des éléments non prouvés.

2. La preuve en droit pénal douanier

La preuve est l'établissement de la réalité d'un fait ou de l'existence d'un acte juridique. Pour NYABIRUNGU, la preuve est tout moyen permettant d'affirmer l'existence ou la non existence d'un fait donné, ou encore l'exactitude ou la fausseté d'une proposition. En sus, nous dirons qu'en matière pénale, la preuve est tout moyen permettant d'affirmer l'existence d'une infraction ou son absence, la culpabilité ou l'innocence du prévenu.

La preuve en matière douanière est influencée par le caractère matériel des infractions dans lesquelles l'élément intentionnel n'est pris en compte. Elle est aussi marquée par les techniques de renversement de la charge de la preuve que la douane a su maintenir en raison de leur efficacité.

L'infraction douanière est en effet difficile à prouver en raison de son caractère fugace. C'est la raison pour laquelle notamment que l'établissement de son existence est bien souvent facilité par l'existence des présomptions de culpabilité qui permettent de faire peser une responsabilité pénale pour une infraction déterminée sur le compte d'une personne dont les agissements reflétant la situation irrégulière peuvent être aisément caractérisés.

La présomption légale est en réalité un artifice juridique qui dispense de la preuve directe de l'infraction mentionnée. Elle consiste à permettre à l'accusation de ne faire la preuve que des certains éléments de fait à partir desquels le raisonnement logique du législateur déduit l'existence des éléments non prouvés.

La preuve de l'infraction douanière se confond avec sa constatation même. Notons que la plupart des litiges douaniers se règlent par transaction. Et si un individu accepte une transaction c'est qu'il ne conteste pas l'infraction qu'on lui reproche et qu'il admet au moins tacitement l'existence de l'infraction. Le problème de la preuve ne se pose que dans l'hypothèse où le prévenu est poursuivi en justice.

L'article 342 du code des douanes[130] fixe une règle assez souple pareil au droit commun : "Toutes les infractions douanières prévues par le code de douanes peuvent être poursuivies et prouvées par toutes les voies de droit alors même qu'aucune saisie n'aurait pu être effectuée dans le rayon des douanes ou hors de ce rayon ou que les marchandises ayant fait l'objet d'une déclaration n'auraient donné lieu à aucune observation".

---

[130] Article 342 du code des douanes.

La manière de se procurer les preuves n'est pas entièrement libre. Elles doivent être obtenues suivant une procédure que la loi réglemente. La réglementation a pour but, ou bien d'assurer l'efficacité de la preuve, afin qu'elle soit incontestable, ou bien d'éviter les abus qui pourraient résulter d'investigations sans limite.

Il en résulte qu'en matière douanière, même si les infractions peuvent être prouvées par toutes voies des droits ; c'est à la condition que les moyens de preuve produits devant le juge pénal ne procèdent pas d'une méconnaissance des règles de procédure et n'aient pas eu pour effet de porter atteinte aux droits de la défense. Ceci implique que les moyens de preuve produits devant le juge ne doivent être obtenus par des moyens frauduleux.

A. La charge de la preuve

Le problème de la preuve est l'un des plus aigus, dès lors qu'il met en péril les droits de la défense. Il a toujours revêtu en droit douanier une importance particulière du fait que l'infraction douanière ne laisse pas de traces. En effet, l'infraction douanière est par nature même difficile à prouver.

II est indispensable que le droit détermine, surtout dans le cadre du procès, sur qui repose la charge de la preuve, le fardeau de la preuve, non seulement pour que celui qui est ainsi désigné recherche et produise les éléments de preuve adéquats, mais encore pour tirer toute conséquence d'un échec.

Comme le juge ne peut fonder sa décision que sur des preuves, il faut bien savoir sur qui va peser la charge de les réunir. Cette charge, assez souvent, est très lourde et c'est pourquoi l'on parle du fardeau de la preuve. Il en découle deux aspects fondamentaux : la charge de la preuve, incombe au ministère public et le doute profite au prévenu.

L'article 197 CCLIII exige de celui qui réclame l'exécution d'une obligation et de celui qui s'en prétend libérer d'en apporter la preuve. En procédure civile, la preuve incombe, au demandeur (*actori incumbit probatio*), étant observé que le défendeur devient demandeur s'il invoque un moyen de défense nouveau (*reus in excipiendo fit actor*).

Aussi certains auteurs on a estimé que ces principes traditionnels constituent la charpente du système civil comme du système pénal en la matière, sauf à être corrigés par certaines exceptions légales ou jurisprudentielles. La règle fondamentale en la matière est la présomption d'innocence où tout individu doit être présumé innocent des infractions qui lui sont reprochées, tant qu'un jugement régulier ou une décision définitive n'est pas intervenu.

De même en vertu de la présomption d'innocence ; c'est à la partie poursuivante de rapporter la preuve de l'existence de l'infraction. Logiquement donc, c'est la partie poursuivante (le ministère public et éventuellement la partie civile) qui doit rapporter la preuve de tous les éléments de l'infraction et de tous ceux qui permettent de mesurer la responsabilité du coupable. Toutefois la personne poursuivie agira sagement en apportant de son côté des arguments en sens inverse.

Exceptionnellement, le législateur renverse parfois la charge de la preuve et c'est la personne poursuivie qui devra faire la preuve de sa non-culpabilité. Ce renversement de la charge de la preuve peut s'opérer plus artificiellement par le jeu d'une présomption.

Comme on peut le constater, le renversement de la charge de la preuve prend des considérations exceptionnelles au principe de droit commun « *actori incumbit probatio* ». Cette exception se conçoit sous forme de principe en matière douanière.

En RDC, ce principe découle de l'article 361 du code des douanes qui précise que "les procès-verbaux rédigés par les fonctionnaires ou agents de la douane font foi en justice" jusqu'à ce que fausseté en soit prouvée en tant qu'ils relatent des opérations ou des constatations faites par leurs rédacteurs.

Certaines de ces présomptions concernent l'élément matériel de l'infraction. Ainsi, il est présumé que les marchandises saisies dans le rayon douanier, sans titre de circulation valable, ont frauduleusement franchies la frontière. La bonne foi n'étant pas présumé, il ne revient pas à l'administration douanière qui d'ailleurs victime de l'infraction de rapporter la preuve de l'innocence du prévenu !

C'est au prévenu donc de rapporter la preuve de sa bonne foi ou de sa non-culpabilité. En droit douanier, il est institué une technique de renversement de la preuve. Ainsi par exemple, dans toute action sur saisie, les preuves de non-contravention sont à la charge du saisi. Il revient donc à la partir poursuivie de rapporter la preuve des éléments qui lui permettent d'améliorer son sort.

B. Les modes de preuve

Les modes de preuve sont des moyens par lesquels les parties au procès peuvent prouver un acte ou un fait ; ce sont des moyens à utiliser pour établir la commission ou la non-commission d'une infraction. En droit pénal douanier, toute recherche des infractions douanières a pour objet d'établir la matérialité de l'infraction ainsi que les circonstances et les faits qui s'y rapportent. L'article 362 du code des douanes reconnaît en droit douanier le principe de la liberté des preuves qui gouverne la procédure pénale commune.

Néanmoins, il doit être respecté la loyauté dans la recherche des preuves, car toute preuve acquise irrégulièrement sera écartée. Les modes de preuve utilisés ne sont pas les mêmes suivant que l'infraction a été constatée ou ne l'a pas été.

Lorsque l'infraction reprochée au prévenu n'a pas été constatée, il importe, pour en rapporter la preuve, de recourir aux différents modes de preuve du droit commun. La preuve ne pourra en aucun cas échapper aux règles applicables en droit commun.

C'est ainsi que les aveux et témoignages et autres doivent résulter d'interrogatoires conduits conformément aux dispositions du code de procédure pénale. En revanche, lorsque l'infraction a été constatée, l'administration de la preuve est facilitée par l'existence d'un acte unique de constatations doté d'une autorité privilégié ; le procès-verbal de constat ou de saisie. Il s'agit d'un acte écrit par lequel les personnes habilitées par la loi consignent dans les formes légales les faits qu'elles ont constatés, les déclarations qu'elles ont recueillies ainsi que les actes auxquels elles ont procédé. C'est le mode normal de constatation des infractions aux réglementations de douane.

Le procès-verbal, qui dans un premier cas prend le nom de procès-verbal de constat, et dans le second celui de procès-verbal de saisie, apparait comme l'instrument idéal permettant à la fois de relater les constations effectuées et de fournir la preuve de l'infraction.

En principe, toutes les infractions doivent être constatées par un procès-verbal. Il doit être fait une relation des faits infractionnels dans les formes prescrites par la loi. La preuve de l'infraction douanière peut être apportée par tous les modes admis.

Il peut s'agir d'aveux de l'intéressé, de témoignages... Mais la rédaction d'un procès-verbal donne à l'Administration douanière des avantages tels qu'elle ne peut les négliger. Les procès-verbaux d'infraction en matière douanière font foi jusqu'à ce que fausseté en soit prouvée...[131]

Ce qui veut dire que tout ce qui y est relaté est à tenir pour vérité jusqu'à ce que la preuve contraire soit apportée. À défaut de tout élément de preuve, le procès-verbal peut par lui-même servir de base à une condamnation. Ce qui caractérise avant tout les procès-verbaux de douane, c'est à l'évidence leur formalisme complexe, relatif aussi bien aux circonstances de leur rédaction qu'à leurs énonciations. Les conditions de forme des procès-verbaux sont reprises dans les articles 356 et suivants du code des douanes.

Ces conditions se résument de la sorte ; il faut que le procès-verbal :

- Soit dressé par au moins deux verbalisants qualifiés à cet effet ;
- Relate tous les faits constitutifs de l'infraction ;
- Énonce la nature de l'infraction ;
- Mentionne les circonstances de temps et de lieu, les noms des personnes et leurs qualités ;
- Soit notifié au contrevenant après clôture ;
- Que l'original soit visé par un chef hiérarchique des verbalisants ;

---

[131] Article 361 al.1 du code des douanes.

- Soit rédigé en français.

Cependant, le procès-verbal qui ne répond à ces conditions n'est pas dépourvu de toute valeur. Il sert de renseignement. La preuve qui en résulte est laissée à l'appréciation du juge. En France, les procès-verbaux irréguliers sont frappés de nullité. Pour certains, c'est l'ensemble du procès-verbal qui disparaitra suite à la nullité. Pour d'autres, seulement certains éléments disparaitront. Si des formalités indivisibles, telles que la signature, la date ou la qualité des rédacteurs ont été omises, il va de soi que la nullité atteindra l'existence même du procès-verbal.

De manière générale, la jurisprudence s'efforce de sauver les énonciations du procès-verbal que l'irrégularité n'entache pas totalement. Les procès-verbaux frappés de nullité ou les énonciations partielles annulées perdent toute autorité et l'Administration douanière se trouvent logiquement dans la situation où l'infraction n'est pas constatée. Il lui appartiendra d'user des modes de preuve de droit commun.

Section IV. Poursuite des infractions douanières

L'Administration douanière et le ministère public sont des parties poursuivantes en matière douanière. Elle peut décider seule de l'opportunité des poursuites tendant à l'application des sanctions fiscales. À ce titre, les actions fiscale et publique sont indépendantes l'une de l'autre, même si le ministère public peut aussi exercer l'action fiscale conjointement à l'action publique. L'exercice des poursuites et des voies de recours en matière douanière relève pour l'essentiel du droit pénal commun.

Cependant, si l'infraction douanière porte atteinte à l'ordre public en général et mérite, à ce titre, d'être traitée comme une infraction de droit commun, il est admis depuis toujours qu'elle cause un préjudice particulier aux intérêts du trésor public représentés par l'Administration douanière[132].

Ce qui explique la coexistence des règles de droit commun et les dérogations procédurales accordées à la douane pour faciliter la répression des infractions dont elle est en charge, illustration également du particularisme de la procédure douanière.

§1. Coexistence et indépendance des actions fiscale et publique

A. Nature de l'action douanière

Le code de procédure pénale envisage la participation au procès pénal en tant que partie poursuivante, ministère public ou fonctionnaires habilités par la loi, ou en tant que partie civile exerçant une action de nature civile. Il ne reconnaît de manière explicite que deux actions, l'action publique et l'action civile[133].

L'action fiscale douanière a pour but de fixer des amendes, confiscations, restitutions qui constituent à la fois des peines et des réparations. De plus, si l'action publique en matière douanière ne peut être déclenchée et exercée que par le ministère public, la douane peut par la voie de la transaction éteindre cette action, sans que le ministère public ne puisse s'y opposer, alors que, par opposition en droit commun, le désistement de la partie

[132] MM. Berr et Trémeau, *Le droit douanier communautaire et national*, Economica, 6e éd. p. 545.
[133] Rozenn CREN, *op. cit.*, p. 207.

civile est, sauf exception, sans influence sur le sort du procès pénal.

À la différence de la victime d'une infraction qui peut demander réparation soit devant la juridiction pénale, soit devant la juridiction civile, l'Administration douanière ne peut exercer l'action fiscale que devant les juridictions répressives.

L'Administration douanière n'est donc pas une simple partie civile et l'action qu'elle exerce n'est pas une action civile mais bien une action publique d'une nature spéciale puisque le ministère public est habilité à exercer cette action fiscale par le partage de compétence prévu dans le code des douanes.

B. Indépendance de l'action publique et de l'action fiscale

L'action fiscale et l'action pénale en matière douanière sont indépendantes. La mise en œuvre de l'action fiscale par l'Administration douanière n'est pas subordonnée à l'engagement préalable ou concomitant de l'action pour l'application des peines par le ministère public. En effet, l'Administration douanière a toujours la possibilité de saisir la juridiction de jugement par voie de citation directe[134].

De même, le seul appel de l'Administration douanière contre une décision de relaxe remet en cause devant la juridiction du second degré la culpabilité des prévenus du chef d'infractions douanières et l'application des sanctions fiscales.

Mais la douane, partie poursuivante exerçant l'action fiscale, ne peut, en l'absence d'une citation par le ministère public, déclencher l'action publique en vue de l'application des peines, ni en ce qui concerne l'infraction douanière, ni,

---

[134] Rozenn CREN, *op cit*, p. 208.

encore moins, en ce qui concerne un délit connexe de droit commun.

Inversement, le ministère public est irrecevable à interjeter appel contre un jugement prononcé sur les seules poursuites de l'Administration douanière. L'indépendance de l'action fiscale et de l'action pénale est cependant relative. Ainsi, lorsque les deux actions ont déjà été engagées simultanément dans le cadre d'une seule procédure, l'Administration douanière ne peut plus agir de sa propre initiative, par voie de citation directe.

Il en est ainsi lorsqu'une information judiciaire a été ouverte du chef d'un délit douanier. Les poursuites exercées par voie de citation directe de l'Administration douanière contre des personnes visées par l'ordonnance de renvoi du juge d'instruction ne sont pas recevables.

En revanche, le ministère public ne peut plus mettre en mouvement l'action publique pour l'application des peines prévues par le code des douanes lorsqu'une transaction a été conclue entre l'auteur et l'administration douanière. En effet, la transaction entraîne l'extinction de l'action publique visant à l'application des peines prévues par le code des douanes.

L'une des autres conséquences de la nature particulière et de l'indépendance de l'action fiscale et de l'action publique est la question de l'irrecevabilité en matière douanière de la constitution de partie civile devant les juridictions pénales. L'action civile n'est recevable devant les juridictions répressives que si est allégué un préjudice trouvant directement sa source dans l'infraction poursuivie.

§2. Exercice de la poursuite des infractions douanières

A. L'exercice de l'action fiscale à titre principal

L'action pour l'application des sanctions fiscales est exercée à titre principal par l'Administration douanière. Ce qui signifie qu'elle décide de l'opportunité des poursuites tendant à l'application des sanctions fiscales et qu'il lui appartient d'accomplir, en cours d'instance, les actes par lesquels l'action fiscale se poursuit.

L'Administration douanière peut ainsi déclencher elle-même l'action fiscale ou intervenir à tout instant dans la procédure conduite par le parquet, pour requérir l'application des sanctions fiscales à la suite, par exemple, d'un appel du ministère public, ou en faisant appel d'une décision rendue à la seule initiative du parquet.

Cependant, le ministère public conserve compétence exclusive pour déclencher l'action publique et requérir les peines, l'administration douanière ne peut requérir l'application des peines et son action est limitée à l'application des sanctions fiscales. La douane dispose librement du pouvoir d'engager des poursuites pénales ou de limiter sa demande à la condamnation du prévenu au paiement des droits et taxes exigibles devant une juridiction civile.

Ce pouvoir d'appréciation de l'opportunité des poursuites explique également que l'Administration douanière puisse renoncer à engager une action judiciaire au profit d'un mode de règlement par voie transactionnelle. En raison de la complexité de l'exercice de l'action fiscale douanière, le législateur a prévu l'attribution de cette tâche à des agents représentant la douane au long de la procédure.

B. La mise en mouvement de l'action fiscale

Les modalités de mise en mouvement de l'action fiscale par l'administration douanière s'inscrivent dans le cadre des dispositions de droit commun relatives à la mise en œuvre des poursuites. Trois modes de saisine de la juridiction répressive peuvent ainsi être distingués puisque la poursuite des infractions douanières peut être engagée à la suite d'une remise à parquet de l'auteur d'un flagrant délit douanier, en exécution d'une citation directe devant la juridiction de jugement, et par la voie d'un acte introductif d'instance fiscale.

a. La remise à parquet de l'auteur d'une infraction douanière flagrante.

Les agents des douanes qui constatent une infraction douanière flagrante peuvent procéder à la capture de l'auteur et sont tenus à l'issue de la procédure de retenue douanière d'en présenter les auteurs au procureur de la République.

Dans l'hypothèse où la personne est placée en garde à vue à l'issue de la retenue douanière, notamment lorsqu'elle est, en plus de la commission du délit douanier, auteur d'infractions de droit commun, les formalités de la remise à parquet sont accomplies par les officiers de police judiciaire à compétence restreinte.

b. La conduite de l'action douanière par citation directe

La citation directe est l'assignation faite au prévenu d'avoir à comparaître devant une juridiction pénale chargée d'examiner les faits qui lui sont reprochés. L'Administration douanière tient la possibilité de saisir directement la juridiction de jugement par voie de citation.

Cette procédure est utilisée dans tous les cas où l'Administration douanière considère que les éléments recueillis au cours de l'enquête, concernant tant les faits que les personnes, sont suffisants pour permettre à une juridiction de jugement de se prononcer à la fois sur la matérialité de l'infraction et sur l'engagement de la responsabilité pénale des prévenus.

La citation directe est le mode courant de mise en mouvement de l'action pour l'application des sanctions fiscales en matière d'infractions douanières. La citation directe doit énoncer les faits faisant l'objet de la poursuite et leur qualification pénale ainsi que les textes qui leur sont applicables. L'Administration douanière est d'ailleurs habilitée à signifier cet acte qui l'autorise à faire office d'huissier.

c. La conduite de l'action douanière par l'acte introductif d'instance fiscale.

L'acte introductif d'instance fiscale est l'acte par lequel l'Administration douanière sollicite du ministère public l'ouverture d'une enquête préliminaire ou l'ouverture d'une information judiciaire pour des faits constitutifs d'une infraction douanière.

Ce mode de saisine est utilisé en matière délictuelle dans tous les cas où les éléments recueillis au cours de l'enquête douanière n'ont pas permis d'apporter la preuve complète de l'infraction et d'établir avec précision l'étendue de la responsabilité pénale de toutes les personnes mises en cause.

Un officier du ministère public ne peut être saisi initialement qu'au moyen de l'action publique. L'acte introductif d'instance est donc adressé au procureur de la République et contient une présentation des faits incriminés et leur qualification ainsi que la désignation des auteurs présumés, sans exclure la possibilité d'engager des poursuites contre toute personne que l'instruction fera connaitre. L'acte introductif d'instance fiscale vise à ce que le ministère public exerce l'opportunité des poursuites en déclenchant l'action publique par la délivrance d'un réquisitoire introductif au juge d'instruction.

Lorsqu'il est saisi, le procureur de la République demeure libre d'apprécier l'opportunité et les modalités de la poursuite de l'infraction douanière. Le parquet peut décider d'exercer l'action publique pour l'application des peines conjointement à l'action fiscale exercée par l'Administration douanière.

Il peut également adresser des réquisitions d'enquête à un service de police ou à la douane judiciaire à l'issue de laquelle il se prononcera sur les suites à donner. Si le parquet n'entend pas exercer l'action pour l'application des peines, l'administration douanière peut exercer l'action fiscale par voie de citation directe.

Ce dernier mode de saisine de la juridiction pénale démontre la nature juridique particulière de l'action fiscale. Il s'agit d'une victime peu ordinaire qui représente en réalité la puissance publique de l'État, déjà représenté par le parquet.

Le déclenchement et l'exercice de l'action fiscale douanière perturbent donc le déroulement classique de l'action en répression des infractions de droit commun.

C. Exercice de l'action fiscale à titre accessoire par le ministère public

Le ministère public a la faculté d'exercer accessoirement à l'action publique l'action fiscale ou douanière. Le parquet ne peut pas exercer l'action fiscale pour toutes les infractions douanières. L'action fiscale est toujours exercée par le parquet lorsque les agents des douanes habilités ont effectué une enquête judiciaire, sauf à ce que le parquet en décide autrement et en confie expressément l'exercice à la douane.

Lorsque le ministère public se substitue à l'Administration douanière et exerce l'action fiscale à titre accessoire à l'action publique, soit par l'ouverture d'une information judiciaire, soit par voie de citation directe, il exerce pleinement les deux actions, y compris les voies de recours.

D. Exercice à titre principal de l'action fiscale confié au ministère public

Le parquet peut aussi exercer l'action fiscale accessoirement à l'action publique. Dans ce cas, l'Administration douanière exerce l'action subséquente en paiement des droits et taxes compromis ou éludés. À cette fin, elle est informée de la date d'audience par l'autorité judiciaire compétente. La douane était donc en cas de saisine de ses officiers de douane judiciaire purement et simplement dessaisie de l'exercice de l'action fiscale[135].

Pendant ce temps, l'exercice de l'action fiscale devient une simple faculté pour le ministère public, qui peut s'il le souhaite le restituer à la douane, qui retrouve alors son pouvoir de transaction. Il en reste ainsi le maître, gardant la maîtrise du choix de l'exercer à titre principal ou non.

Les règles de la saisine des juridictions dans lesquelles coexistent à la fois l'action fiscale et l'action douanière et deux autorités poursuivantes présentent tout autant de particularités lorsqu'il s'agit de l'exercice des voies de recours.

---

[135] Rozenn CREN, *op cit.*, p. 224.

§3. Voies de recours en droit pénal douanier

Quel que soit le mode de saisine de la juridiction pénale, la douane dispose, comme les autres parties au procès pénal de l'exercice des voies de recours, tant pour contester les décisions prises au cours de l'instruction (1), que pour remettre en cause une décision de jugement (2). Les règles du pourvoi en cassation sont également celles de droit commun (3).

1. La contestation de l'instruction en matière douanière

En l'absence de toutes dispositions légales définissant les droits de l'Administration douanière au cours de l'instruction, la réponse est apportée par la jurisprudence. Lors de l'instruction, la douane est-elle assimilée au parquet ou à la partie civile ?

Le contentieux de l'instruction porte essentiellement en matière douanière sur les ordonnances de non-lieu et celles relatives à la détention provisoire du mis en examen. L'Administration, du fait même qu'elle exerce l'action fiscale, a-t-elle le droit d'intervenir dans la question de la liberté du mis en examen ?

L'Administration douanière peut-elle faire appel des ordonnances de mise en liberté prises par le ministère public, juge d'instruction, lui donnant ainsi les prérogatives du ministère public et non celles de la partie civile qui ne peut en faire appel. Le ministère public dispose en effet d'un droit d'appel général de toutes les ordonnances du juge d'instruction et du juge des libertés et de la détention.

La Cour de cassation française a ainsi affirmé que le code de procédure pénale conférait au ministère public un droit absolu d'interjeter appel de toutes les ordonnances du juge d'instruction[136]. Contrairement à lui, les parties privées n'ont pas un droit d'appel général.

En revanche, le code de procédure pénale précise que la partie civile ne peut jamais former appel d'une décision qui concerne la détention provisoire ou le contrôle judiciaire des mis en examen.

2. La contestation du jugement en matière douanière

La juridiction pénale est amenée à se prononcer sur une infraction douanière, dans une même décision portant, soit sur l'action publique, soit sur les actions publiques et ce qui influe sur l'étendue du droit d'appel tant du ministère public (A), que de la douane (B).

A. Le droit d'appel du ministère public

Par une décision unique, la juridiction de jugement statue sur l'action publique et sur l'action fiscale exercées par la douane et le ministère public. Dans le cas où la juridiction de jugement n'a été saisie et n'a tranché que sur l'action publique, la douane pourra citer directement sur le fondement de l'action fiscale.

L'appel est toujours recevable en matière douanière et s'exerce selon le droit commun même lorsqu'il s'agit de contester des jugements relatifs à de simples contraventions. Il n'y a pas en matière douanière de jugement rendus en premier et dernier ressort. Par ailleurs, on peut rappeler que l'appel ne nécessite pas de mandat spécial quand il est interjeté par l'agent poursuivant au nom de la douane.

---

[136] Rozenn CREN, *op cit.*, p. 225.

B. Le droit d'appel du ministère public

Par une décision unique, la juridiction de jugement statue sur l'action publique et sur l'action fiscale exercées par la douane et le ministère public. Dans le cas où la juridiction de jugement n'a été saisie et n'a tranché que sur l'action publique, la douane pourra citer directement sur le fondement de l'action fiscale. Il n'y a pas en matière douanière de jugement rendu en premier et dernier ressort. En ce qui concerne le délai d'appel, il demeure celui de droit commun.

Mais il convient de distinguer deux situations selon que le ministère public exerce ou non l'action fiscale. Le premier cas envisagé est celui où le ministère public a exercé l'action publique et l'action fiscale en première instance et fait appel du jugement.

Pour ce qui concerne précisément l'effet dévolutif de l'appel, c'est l'acte d'appel qui détermine l'étendue de ce recours, l'affaire n'est dévolue à la cour d'appel que dans les limites fixées par l'acte d'appel.

Il faut également noter le cas dans lequel le ministère public a exercé uniquement l'action publique en première instance, l'action fiscale étant exercée conjointement par la douane. Se pose le problème de la recevabilité de l'appel « incident » du ministère public lorsque la douane exerce elle-même l'action fiscale.

Dans ce cas, l'appel du parquet est irrecevable au titre de l'action fiscale. L'appel incident du ministère public n'aura donc aucun effet sur les poursuites douanières. Si la douane n'est pas satisfaite de la décision des juges de première instance concernant l'aspect fiscal elle peut cependant en faire appel.

C. Le droit d'appel de la douane

Lorsque l'Administration douanière souhaite contester la décision des juges du premier degré, là également deux hypothèses peuvent se présenter. Dans le cas où l'action fiscale est exercée par la douane, elle peut faire appel du jugement de la juridiction répressive. Qu'en est -il dans le second cas lorsque l'action fiscale a été exercée par le ministère public devant les juridictions du premier degré ?

La Cour de cassation considère que bien que le ministère public exerce l'action fiscale accessoirement à l'action publique, à la place de l'administration des douanes, celle-ci demeure réputée être une partie au procès et donc à ce titre, elle peut exercer les voies de recours.

Rien n'interdit à l'Administration douanière d'interjeter appel même si en première instance elle a été représentée par le ministère public qui a exercé l'action fiscale accessoirement à l'action pénale[137]. Dans ce cas, l'appel ne concerne que les sanctions fiscales et ne s'étend pas aux sanctions purement pénales. La douane peut ainsi interjeter appel d'une décision de relaxe pour infraction douanière.

Son seul appel remet en cause devant la juridiction du second degré la culpabilité du prévenu pour l'application des sanctions fiscales. Elle peut également interjeter appel du jugement du tribunal correctionnel qui n'a condamné les prévenus qu'à des sanctions pénales. Cet appel ne peut être déclaré irrecevable au motif que l'administration douanière n'était pas représentée en première instance.

[137] Cass. Fçse. crim. 18 déc. 1986, Bull. crim. n° 379.

La Cour de cassation française accorde même à la douane le droit de déposer des conclusions devant la cour d'appel, alors que le recours a été formé par le ministère public tant sur les dispositions pénales que fiscales, à condition que les conclusions de la douane aient pu être communiquées à toutes les parties.

Dès lors que l'appel du ministère public visant à la fois les dispositions pénales et douanières est régulier, il importe peu que « l'Administration douanière se soit bornée à déposer des conclusions sans être représentée, dès lors qu'il est établi, par les énonciations de l'arrêt, que lesdites conclusions ayant été lues en temps utile, à l'audience, le prévenu et son conseil en ont eu connaissance et ont pu s'expliquer en développant leur système de défense ».

Dès lors que les parties ont eu connaissance des conclusions de la douane qui ont pu ainsi être contradictoirement discutées devant la juridiction du second degré, la Cour de cassation admet leur recevabilité. L'indépendance des actions fiscale et pénale peut également conduire à la condamnation du prévenu, pour l'infraction douanière, alors qu'il est relaxé au titre de l'incrimination de droit commun, par une précédente décision devenue définitive statuant sur l'action publique.

La règle de l'effet dévolutif de l'appel est appliquée strictement par la Cour de cassation à la matière douanière, alors même que les condamnations reposent sur deux actions relevant de deux législations répressives distinctes. Ce principe est également applicable au prévenu en matière douanière.

Conclusion

Le présent ouvrage poursuit la construction d'un droit pénal douanier congolais en abordant, tour à tour, les infractions douanières, les infractions du droit commun applicables en droit douanier, le contentieux douanier ainsi que les modalités de poursuite des infractions douanières.

Dans son premier chapitre sur les infractions douanières en droit congolais, il a été question d'élucider :

- Les particularités des éléments constitutifs des infractions douanières (élément légal, matériel et moral) ;
- La qualification des infractions douanières en importation et exportations sans déclaration, en infractions en matière de droits de consommation, en infractions liées au commerce international ainsi que la contrebande douanière ;
- Les infractions de droit commun applicable en droit douanier nomment le faux en écriture, l'usage de faux et l'escroquerie de nature fiscale et douanière.

Le deuxième chapitre sur le contentieux douanier congolais analyse :

- Les types et caractéristiques de contentieux douaniers à la fois administratif et répressif ;
- Les modalités de recherche et de constatation des infractions douanières ;
- La nature administrative ou pénale des sanctions aux infractions douanières.

Le dernier chapitre axé sur la poursuite des infractions douanières à travers la coexistence et indépendance des actions fiscale et publique, l'exercice de la poursuite des infractions douanières ainsi que les voies de recours du droit pénal douanier congolais.

En définitive, le succès de la construction d'un droit pénal douanier congolais reste alors le gage de la compréhension du régime juridique applicable à chaque catégorie d'infractions douanières à travers le décryptage du contenu des éléments légal, moral et matériel. L'ouvrage n'a pas la prétention d'avoir analysé toutes les infractions douanières, un simple échantillon sert de fondement de ce dernier.

Bibliographie sélective

INSTRUMENTS JURIDIQUES

Constitution de la RDC du 18 février 2006 telle que modifiée par la loi n°11/002 du 20 janvier 2011 portant révision de certains articles de la Constitution du 18 févier 2006.

Décret du 30 janvier 1940 portant code pénal.

Décret du 6 aout 1959 portant code de procédure pénale.

Loi des finances n°17/014 du 24 décembre 2017.

Loi n° 004/2003 du 13 mars 2003 portant réforme des procédures fiscales en RDC.

Loi n°82-001 du 7 janvier 1982 régissant la propriété industrielle.

Ordonnance - loi n° 68-010 du 6 janvier 1968 portant règlement d'exécution du régime douanier.

Ordonnance-loi n°10/002 du 20 aout 2010 portant code des douanes.

Ordonnance-loi n°10/001 du 20 aout 2010 portant institution de la Taxe sur la valeur ajoutée.

Décret n°09/43 du 03 décembre 2009 portant création et organisation de la DGDA.

Décret n°05/183 du 30 décembre 2005 portant institution d'un guichet unique à l'importation et à l'exportation.

Ordonnance 78 - 3026 juillet 1978 portant création de la Brigade douanière.

Instruction n° DG/SG/ADG/006/2003 du 16 mai 2003 relative aux mesures applicables à la prise en charge des marchandises à l'importation.

OUVRAGES

BOFOE LOKANGU, *Droit pénal fiscal congolais, Régime juridique des infractions fiscales,* l'Harmattan, Paris, 2024.

BOFOE LOKANGU, *Droit pénal économique congolais, Régime juridique des infractions économiques,* l'Harmattan, Paris, 2023.

BOFOE LOKANGU, *Droit congolais de la propriété intellectuelle,* l'Harmattan, Paris, 2022.

BOFOE LOKANGU, *Droit fiscal et Procédures fiscales*, l'Harmattan, Paris, 2021.

BOFOE LOKANGU, *Fiscalité des organisations et des ressources naturelles*, l'Harmattan, Paris, 2021.

BONY CISUNGU, *Les infractions douanières, Recherche et Poursuites en RDC*, PUC, Kinshasa, 2010.

BORRICAND J. et SIMON, *Droit pénal, Procédure pénale*, Dalloz, Paris, 8e édition, 2013.
BOUZAT P. et PINATEL J., *Traité de droit pénal et de criminologie*, tome I, Dalloz, Paris, 1963.
CORNU GERARD, *Vocabulaire juridique*, Presses Universitaires de France, Paris, 2001.
Georges MINEUR, *Commentaire du code pénal congolais*, éd. Larcier, Bruxelles 1955.
JACQUEMIN et SCHRANS G., *Le droit économique*, Paris, Que sais-je? PUF, 2e éd., 1974.
Jean PRADEL, *Procédure pénale*, 12e édition, Cujas, 2004.
KOLB F. et LETURMY, *Essentiel du droit pénal général*, Gualino-Lextenso, 12e éd., Issy-les-Moulineaux, 2015-2016.
Michel VERON, *Droit pénal des affaires*, 2e éd., Armand Colin, Paris, 1997.
NGOTO NGALINGI, *Essentiel du Droit pénal congolais*, Presses Universitaires du Congo, Kinshasa, 2018.
NGUYEN CHANH TAM, AZAMA LANA, DARTOIS Ph., KABONGO KONGO J. et DARANAS S., *Guide juridique de l'entreprise*, Kinshasa, Librairie du Zaïre, 1973.
NYABIRUNGU MWENE SONGA, *Traité de droit pénal général congolais*, 2e éd. E.U.A, 2007.
THAMBWE MWAMBA, *Droit douanier zaïrois*, éd. PUZ, Kinshasa 1996.

ARTICLES DE REVUE, MÉMOIRES, THESES DE DOCTORAT ET RAPPORTS

BEAUFFORT, *Les caractères originaux du droit pénal des prix*, thèse de doctorat, Nancy II, 1978.
KAMBALE MATHE, *réflexions sur le classement pour inopportunité des poursuites face à la politique criminelle en droit positif congolais*, UNIGOM, Goma, 2017.
NYABIRUNGU MWENE SONGA et KISAKA, *La criminalisation de l'économie zaïroise : regards juridiques et économiques, Notes de conjoncture,* Kinshasa, n°21, mars 1995.
Rozenn CREN, *Poursuites et sanctions en droit pénal douanier*, Thèse de doctorat, Université Panthéon-Assas, 2011.
Rapport Douanes et DPI, 2007 de l'Organisation Mondiale des Douanes, pp. 13-37.

Recommandation du Conseil de coopération douanière concernant les mesures de lutte contre les délits environnementaux transfrontaliers.

Revue OMD Actualités, n°58-février 2009, pp. 9-17.

Les éléments constitutifs de l'infraction http://zarawoh.free.fr /doc%20opj/OPJ_%5B03%5D_DROIT_PENAL_GENERAL/documents/46578.pdf, consulté le 22 juin 2023 à 11 h 54.

Table des matières

Structures éditoriales du groupe L'Harmattan

L'Harmattan Italie
Via degli Artisti, 15
10124 Torino
harmattan.italia@gmail.com

L'Harmattan Hongrie
Kossuth l. u. 14-16.
1053 Budapest
harmattan@harmattan.hu

L'Harmattan Sénégal
10 VDN SICAP AMITIE 3
BP 45034 Dakar-Fann
direction@senharmattan.com

L'Harmattan Cameroun
Tsinga/Derrière polyclinique FECAFOOT
BP 11486 Yaoundé
Jacques.koukam@harmattan.fr

L'Harmattan Burkina Faso
Villa 281, secteur 23 623, rue 14.32
Ouagadougou
zagbie@outlook.fr

L'Harmattan Guinée
Almamya, rue KA 028 OKB Agency
BP 3470 Conakry
harmattanguinee@yahoo.fr

L'Harmattan RDC
185, avenue Nyangwe
Commune de Lingwala – Kinshasa
matangilamusadila@yahoo.fr

L'Harmattan Congo
219, avenue Nelson Mandela
BP 2874 Brazzaville
deunovmikhael@gmail.com

L'Harmattan Mali
Immeuble Mgr Jean Marie Cissé
Aci Hamadallaye
BP 145 Bamako
syllaka@yahoo.fr

L'Harmattan Togo
Djidjole – Maison Amela
face EPP BATOME
02 BP 20680 Lomé
didieramela11@gmail.com

L'Harmattan Côte d'Ivoire
Résidence Karl – Cité des Arts
Abidjan-Cocody
03 BP 1588 Abidjan
harmattan.ivoire@gmail.com

L'Harmattan Bénin
Rue 604, (Immeuble à l'entrée
de la rue UCAO- Cite de Saint-Jean)
Cotonou
stepcorpus@gmail.com

Nos librairies en France

Librairie internationale
16, rue des Écoles
75005 Paris
librairie.internationale@harmattan.fr
01 40 46 79 11
www.librairieharmattan.com

Librairie des savoirs
21, rue des Écoles
75005 Paris
librairie.sh@harmattan.fr
01 46 34 13 71
www.librairieharmattansh.com